Gustav Natorp

Der Ausstand der Bergarbeiter im Niederrheinisch-Westfälischen Industriebezirk

Gustav Natorp

Der Ausstand der Bergarbeiter im Niederrheinisch-Westfälischen Industriebezirk

ISBN/EAN: 9783742812575

Hergestellt in Europa, USA, Kanada, Australien, Japan

Cover: Foto ©ninafisch / pixelio.de

Manufactured and distributed by brebook publishing software (www.brebook.com)

Gustav Natorp

Der Ausstand der Bergarbeiter im Niederrheinisch-Westfälischen Industriebezirk

Der Ausstand der Bergarbeiter

im

Niederrheinisch-Westfälischen Industriebezirk.

Von

Dr. Gustav Natorp,
Geschäftsführer des „Vereins für die bergbaulichen Interessen im Oberbergamtsbezirk Dortmund".

Zum Theil Sonderabdruck aus der Berg- und hüttenmännischen Zeitschrift „Glückauf".

Essen,
Druck und Verlag von G. D. Bädeker.
1889.

Der Ausstand der Bergarbeiter, von welchem der niederrheinisch-westfälische Industriebezirk während des Monats Mai 1889 heimgesucht wurde, hat mit Recht die Aufmerksamkeit der weitesten Kreise des In- und Auslandes auf sich gezogen.

Schon durch die außergewöhnliche Ausdehnung, welche derselbe binnen wenigen Tagen erlangte, unterschied er sich von den zahllosen anderen Lohnkämpfen, welche dem Jahre 1889 sein besonderes Gepräge aufdrücken.

Dazu kam, daß die in Westfalen begonnene Bewegung sich sehr bald auf die übrigen Steinkohlenbergbaubezirke Deutschlands, auf Saarbrücken, Aachen, Ober- und Niederschlesien, auf die Gruben des Königreichs Sachsen, sowie auf einen großen Theil der Bergarbeiter in Oesterreich und in Belgien verbreitete, so daß es den Anschein gewann, es solle die Steinkohle zeitweilig ganz dem öffentlichen Verkehr entzogen werden.

Nichts begreiflicher, als daß unter solchen Umständen sich selbst desjenigen Theiles der Bevölkerung, der sonst den Vorgängen des wirthschaftlichen Lebens gleichgültig gegenüber zu stehen pflegt, eine nicht geringe Aufregung bemächtigte.

Man vergegenwärtigte sich die Gefahren, welche der Ausstand mit sich bringen mußte, wenn es gelang, dem industriellen Betriebe die für seinen Fortgang unentbehrlichen Unterlagen zu entziehen, wenn eines schönen Tages alle Räder zum Stillstand verurtheilt würden, weil es an der sie treibenden Kraft gebrach.

Zum Glück sind die Dinge in Wirklichkeit nicht so weit gediehen; immerhin waren aber die Rückwirkungen, welche der Ausstand auf die übrigen Gewerbszweige des Landes ausübte, empfindlich genug, um zu den lebhaftesten Untersuchungen darüber zu veranlassen, wo die Ursachen der großen, so elementar auftretenden und über so weite Gebiete sich erstreckenden Bewegung zu suchen seien und wie und mit welchen Mitteln man im Stande sein würde, ähnlichen Erschütterungen des Wirthschaftsbetriebes für die Folge vorzubeugen.

Diese Untersuchungen werden ohne Zweifel auf lange hinaus fortgesetzt werden. Während man im Uebrigen gewohnt ist, die Lohnkämpfe zwischen Arbeitgebern und Arbeitnehmern sich zwischen den streitenden Theilen ruhig abspielen zu lassen, selbst wenn es sich dabei gleichfalls um große Arbeitermengen handelt, wie bei den unlängst in Berlin streifenden 25 000 Maurergesellen, fühlt man sich hier gedrungen, an der Lösung der Frage mitzuarbeiten, weil man sich sagt, daß bei einem Gewerbszweige, wie dem Steinkohlenbergbau, neben dem Privatinteresse der zunächst betheiligten Kreise ein eminentes öffentliches Interesse hergeht, welches nicht aus den Augen gesetzt werden darf.

Es wird deshalb auch für diejenigen, welche an dem soeben beendigten Lohnkampfe nicht unmittelbar betheiligt waren, von Werth sein, den Verlauf des Ausstandes, soweit er sich auf westfälischem Boden vollzog, sowie die treibenden Kräfte, welche dabei thätig waren, genauer kennen zu lernen, und dem Zwecke, dieses Verständniß zu vermitteln, sollen die folgenden Zeilen gewidmet sein. -

* * *

Der Ausstand verbreitete sich mit der Schnelligkeit eines Prairienbrandes. Binnen wenigen Tagen hatten von den 110 000 Arbeitern, die zur Zeit des Ausbruches desselben auf den niederrheinisch-westfälischen Steinkohlenbergwerken beschäftigt sein mochten, gegen 90 000 die Arbeit niedergelegt, ohne daß unmittelbare Wahrnehmungen vorlagen, aus welchen die Schnelligkeit des Umsichgreifens der Bewegung hätte hergeleitet werden können.

In einigen Bergarbeiterversammlungen, die während des Monats April stattgefunden hatten, war allerdings die Lohnfrage ein Gegenstand der Erörterung gewesen, und eine Anzahl von Wünschen*) zusammengestellt worden, die man zur Kenntniß der Gruben-Verwaltungen zu bringen beschloß; man war aber in diesen Versammlungen einstimmig der Ansicht gewesen, daß eine Arbeitseinstellung mit Rücksicht auf deren traurigen Folgen unter allen Umständen zu vermeiden sei, und die Annahme, daß man zu diesem Mittel nicht greifen werde, erschien um so gerechtfertigter, als die Grubenverwaltungen aus eigener Entschließung, wo es angezeigt erschien, eine Erhöhung der Löhne vornahmen.

Ohne Zweifel war den Führern des Ausstandes selbst derselbe überraschend und zu früh gekommen, wie ihre späteren Aeußerungen in Versammlungen gezeigt haben. Nachdem aber einmal auf einigen Zechen im Essener Bezirk der Anfang gemacht worden, war der Bewegung nicht mehr Halt zu gebieten, ein Beweis, wie sehr dieselbe von langer Hand vorbereitet war.

Auf der einen Zeche waren es kleine, kaum bemerkbare, in der Kaue oder anderwärts angebrachte Zettel, welche mit wenigen Worten die Aufforderung zur Niederlegung der Arbeit enthielten; auf der anderen brachten Kameraden von der Nachbarzeche die Botschaft, daß dort gestreikt werde und man dasselbe thun möchte. In mehreren Fällen wurde auch in öffentlicher Versammlung für eine Gruppe von Zechen

---

*) In einer Bergarbeiter-Versammlung, die am 8. April 1889 in Essen unter Leitung des Berginvaliden Eckart, der sich im späteren Verlauf der Bewegung durch seine Theilnahme an dem Sozialisten-Kongreß in Paris als Sozialdemokrat entpuppt hat, abgehalten wurde, faßte man die „Bestrebungen" der Bergarbeiter in folgendem Beschluß zusammen:

„Aufbesserung der Löhne durch prozentualen Zusatz (15 pCt.) für alle Bergarbeiter;

Abschaffung der Ueberproduktion in Folge zu langer Arbeitszeit;

Abschaffung der Ueberarbeit von ¼ bis ½ oder ganzer Schichten und somit Einführung der zur Zeit üblich gewesenen Schichten von acht Stunden mit Ein- und Ausfahrt;

des weiteren glauben wir darauf hinweisen zu sollen, daß in sanitärem wie arbeitlichem Verhältniß wir Bergleute ein Interesse haben ferner an guter und gesunder Wetterführung, an einem möglichst vor Wind und Wetter geschützten Gang von der Kaue bis zum Schacht, am Liefern des Holzes bis in die Grube u. s. w.

Somit erlauben wir uns die Wünsche resp. Bestrebungen der Bergleute einem verehrlichen Grubenvorstande vorzutragen.

Deren friedliche Lösung erwartend, zeichnet im Namen der Bergleute

Das Comité."

Eine Ueberreichung dieser Forderungen an die Grubenverwaltungen hat entweder gar nicht stattgefunden, oder, wo es geschehen, in anonymer Zuschrift.

die Parole zum Streik ausgegeben und alsdann demgemäß mit einer Einmüthigkeit gehandelt, die einer besseren Sache werth gewesen wäre.

In den ersten Tagen ging die Bewegung von den jüngeren Elementen in den Belegschaften aus; Schlepper, Pferdejungen und andere unreife Burschen waren die Hauptanstifter der Aufregung und des Skandals. Die älteren und besonneneren Elemente wurden allmählig von dem allgemeinen Strom mit fortgerissen, entweder indem man an ihre Ehrenhaftigkeit und ihren kameradschaftlichen Sinn appellirte, der sie verpflichte, die anderwärts kämpfenden Brüder nicht im Stich zu lassen, oder indem man drohte, „ihnen die Knochen entzwei zu schlagen" oder gar das Leben zu nehmen.

Wo die Belegschaften eine schwankende Haltung einnahmen, wurde die Umgegend der Zechenplätze von umherlungernden Bergleuten anderer Werke förmlich belagert und Jedem, der zur Arbeit zu gehen gedachte, der Weg verlegt.

In welchem Umfange dieser Terrorismus und die Beeinflussung der zur Arbeit geneigten Bergleute ausgeübt worden ist, haben erst die späteren gerichtlichen Untersuchungen und Verurtheilungen dargethan.

Den Verlauf der Bewegung möge man aus folgender Zusammenstellung ersehen. Es geht aus derselben zugleich hervor, daß nur ein Theil der im Westen des Industriebezirkes belegenen Werke und die Mehrzahl der auf der linken Seite der Ruhr liegenden kleinen Zechen sich dem Ausstande nicht angeschlossen haben.

Ferner zeigt dieselbe, daß die Zechen im Stadt- und Landkreise Essen erst verhältnißmäßig spät in den Lohnkampf eintraten und unter den ersten sich befanden, welche die Arbeit wieder aufnahmen.

Diese Erscheinung findet darin ihre Erklärung, daß die Essener Zechen es vorzugsweise waren, welche sich an dem ersten größeren Streik, von dem der niederrheinisch-westfälische Bezirk betroffen wurde, im Jahre 1872 betheiligten und daß die damals gemachten Erfahrungen die Belegschaften vor der erneuten Anwendung eines so zweischneidigen Schwertes, wie es eine Arbeitseinstellung ist, zurückschrecken mußten.

Ein Vorspiel für die Bewegung bildete ein zweitägiger Ausstand auf der Zeche Friedrich Ernestine bei Essen vom 1. bis 2. Mai. Durch ein Plakat forderte die Belegschaft eine Erhöhung des Lohnes um 15%, und kehrte alsdann, nachdem ihr die Grubenverwaltung entgegengekommen war, zur Arbeit zurück, freilich um dennoch nach einigen Tagen mit den übrigen Werken die Arbeit aufs Neue niederzulegen.

Schon am 3. Mai folgte die Zeche Christian Levin dem von Friedrich Ernestine gegebenen Beispiele, und von diesem Tage an folgten die weiteren Ausstände lawinenartig in nachstehender Reihenfolge.

Es wurde die Arbeit eingestellt:

3. Mai		Königsgrube, Christian Levin, König Wilhelm.
4.	„	Consolidation, Graf Bismarck, Prosper, Unser Fritz, Pluto (wieder angefahren am 20. Mai).
6.	„	Belgische Actien-Gesellschaft (Clerget, Barillon, Providence, Recklinghausen), Friedrich der Große, Harpener Verein (Prinz v. Preußen, Caroline), General Blumenthal, Hannover, Rhein-Elbe (wieder angefahren am 28. Mai), Hugo [Schacht I] (wieder angefahren am 21. Mai), Osterfeld (wieder angefahren am 16. Mai).
7.	„	Präsident, Constantin der Große, Graf Moltke, Wilhelmine Victoria, Hibernia, Alma (wieder angefahren am 28. Mai), Hannibal, König Ludwig, Holland, Schlägel & Eisen, Ewald, Graf Schwerin, Mont Cenis, Erin, Hugo [Schacht II] (wieder angefahren am 21. Mai).
8.	„	Engelsburg, Fröhliche Morgensonne, Centrum, Friedrich Wilhelm, Westfalia, Borussia, Heinrich Gustav, Amalia, Friederika, Gneisenau, Prinz Regent, Vollmond, Tremonia, Dannenbaum, Neu-Iserlohn, Victor, Minister Stein, Fürst Hardenberg (wieder angefahren am 31. Mai), Hansa, Zollern, Germania (wieder angefahren 21. Mai), Mathias Stinnes (nur 1 Tag gestreikt), Dahlbusch, Maria Anna und Steinbank, Dorstfeld, Carlsglück, Hasenwinkel, Germania, Lothringen (wieder angefahren am 21. Mai), Louise Tiefbau (wieder angefahren am 31. Mai), Mansfeld (wieder angefahren am 22. Mai).
9.	„	Eintracht Tiefbau, Bonifacius, Alstaden, Baaker Mulde, Bruchstraße, General & Erbstollen, Altendorf, Baroper Steinkohlen-Bergwerk, Dahlhauser Tiefbau, Siebenplaneten, Glückauf Erbstollen, Carl Friedrich Erbstollen, Brockhauser Tiefbau, Wallfisch, Vickefeld, Eiberg, Curl, Gottessegen, die Zechen des Hörder Bergwerks- und Hütten-Vereins (Schleswig und Holstein), Prosper, Ringeltaube, Carolus Magnus, Zollverein, Nordstern, Friedlicher Nachbar, Julius Philipp, Franziska Tiefbau, Ringeltaube, Westhausen (wieder angefahren am 22. Mai).
10.	„	Monopol, Bommerbänker Tiefbau, Johann-Deimelsberg, Caroline, Hamburg, Königin Elisabeth, Freiberg, Wiendahlsbank, Trappe, Concordia, Blankenburg (wieder angefahren am 15. Mai), Helene Nachtigall (wieder angefahren am 21. Mai), Schürbank u. Charlottenburg (wieder angefahren am 21. Mai).

11. Mai	Carolinenglück, Monopol, Ludwig, Steingatt, Alte Haase, Stock u. Scherenberg, Deutschland, Richradt (wieder angefahren am 14. Mai), Pauline (wieder angefahren am 20. Mai), Ludwig (wieder angefahren am 21. Mai).
12. „	Charlotte.
13. „	Hagenbeck, Margaretha, Cölner Bergwerks-Verein (Anna, Carl, Emscherschacht), (wiederangefahren am 20. Mai), Humboldt, Meidericher Steinkohlenbergwerk (Ruhr u. Rhein, Westende), Graf Beust (wieder angefahren am 21. Mai), Hercules (wieder angefahren am 21. Mai), Hoffnung (wieder angefahren am 17. Mai), Sälzer u. Neuack (wieder angefahren am 21. Mai), Victoria Mathias (wieder angefahren am 21. Mai), Helene Amalia (wieder angefahren am 21. Mai), Langenbrahm (wieder angefahren am 21. Mai), Deutscher Kaiser (nur 1 Tag gestreikt), Massen (nur 1 Tag gestreikt).
14. „	Wolfsbank, Neu-Wesel.

Die Zeit, in welcher die einzelnen Belegschaften zur Arbeit zurückkehrten, war eine sehr verschiedene. Vielfach wurde die Arbeit wieder aufgenommen in Folge des Beschlusses der Versammlung der Bergarbeiter vom 19. Mai, dessen wir noch später Erwähnung thun werden, so daß am 21. Mai die Zahl der wieder Eingetretenen bereits 73 995 betrug. An diesem Tage nahmen namentlich die Belegschaften der Essener Werke fast sämmtlich die Arbeit wieder auf.

Bei einer größeren Anzahl von Werken gelangte der Ausstand indeß erst mit dem Ende des Monats zum Abschluß, nachdem die Grubenverwaltungen die Erklärung abgegeben hatten, daß sie diejenigen Arbeiter, welche bis dahin nicht zurückgekehrt seien, als nicht mehr zur Belegschaft gehörig erachten und behandeln würden.

Um darzuthun, welchen Einfluß der Ausstand auf die Produktion und den Absatz ausübte, lassen wir nach der von dem Königlichen Wagenamte veröffentlichten Uebersicht über die von den Zechen für die Abfuhr der Kohlen auf den Eisenbahnen verlangten und über die von den Bahnverwaltungen gestellten Wagen eine Zusammenstellung derjenigen Kohlenmengen folgen, welche mit Kohlen und Koks beladen während des Streiks und kurz nach demselben täglich abgefahren sind.

Wagengestellung im Ruhrkohlenreviere.

Datum	Es wurden gestellt:			Datum	Es wurden gestellt:		
	Berg.-Märk. Bahn Tonnen	Rechtsrh. Bahn Tonnen	In Summa Tonnen		Berg.-Märk. Bahn Tonnen	Rechtsrh. Bahn Tonnen	In Summa Tonnen
1. Mai	30 700	52 200	82 900	24. Mai	21 760	39 710	61 470
2. „	32 270	54 180	86 450	25. „	19 630	34 720	54 350
3. „	34 510	55 930	90 440	26. „	120	1 270	1 390
4. „	34 600	51 870	86 470	27. „	21 740	42 030	63 770
5. „	1 420	2 650	4 070	28. „	24 870	44 340	69 210
6. „	30 020	38 370	68 390	29. „	27 350	49 600	76 950
7. „	26 700	28 890	55 590	30. „	500	1 980	2 480
8. „	21 220	20 990	42 210	31. „	29 520	51 330	80 850
9. „	11 990	16 130	28 120	1. Juni	28 310	51 850	80 160
10. „	7 060	14 250	21 310	2. „	910	1 340	2 250
11. „	5 950	12 370	18 320	3. „	30 080	51 010	81 090
12. „	40	280	320	4. „	32 210	55 310	87 520
13. „	3 790	6 360	10 150	5. „	32 990	56 790	89 780
14. „	4 880	9 640	14 520	6. „	33 110	58 140	91 250
15. „	80	—	80	7. „	33 390	55 340	88 730
16. „	5 230	11 410	16 640	8. „	31 830	53 080	84 910
17. „	6 670	16 670	23 340	9. „	1 190	1 350	2 540
18. „	7 900	18 170	26 070	10. „	1 400	2 040	3 440
19. „	110	490	600	11. „	30 680	51 500	82 180
20. „	9 360	21 630	30 990	12. „	32 790	53 440	86 230
21. „	17 100	34 240	51 340	13. „	33 240	56 440	89 680
22. „	19 530	38 850	58 380	14. „	34 030	56 770	90 800
23. „	20 760	40 650	61 410	15. „	35 940	56 780	92 720

Den tiefsten Punkt erreichte hiernach der Absatz (von den Sonn- und Feiertagen abgesehen) am 13. Mai mit 10 150 Tonnen, etwa 10 pCt. des gesammten durchschnittlichen Tagesabsatzes bei lebhafter Nachfrage.

Die Art und Weise, in welcher die Arbeitseinstellung erfolgte, war auf den einzelnen Werken nicht eine gleichmäßige.

Auf einzelnen Zechen war den Verwaltungen bereits einige Wochen vor Ausbruch des Streiks ein gedrucktes Schreiben zugegangen, in welchem dieselben um Erhöhung des Lohnes und Einschränkung der Arbeitszeit ersucht wurden. Das Schreiben trug die Unterschrift: „Das Comité", ohne im Uebrigen mit Namen versehen zu sein.

Ein solches anonymes Schriftstück, über dessen Herkunft nichts irgend Sicheres vorlag, mußte selbstverständlich von den Grubenverwaltungen unberücksichtigt bleiben.

In den meisten Fällen vollzog sich die Arbeitseinstellung so, daß die Belegschaften sich zur Zeit der Einfahrt auf den Gruben einfanden, die Einfahrt aber einfach verweigerten. Auf die Frage des Betriebsführers oder der Steiger, warum man nicht einfahre, erfolgte entweder gar keine Antwort und die Arbeiter verließen alsbann nach erfolgter Aufforderung Seitens der Grubenbeamten den Zechenplatz, oder aber es wurden die Forderungen von den „Delegirten" der Belegschaft vorgetragen bezw. schriftlich überreicht.

Vielfach sind auch von den Belegschaften während der ganzen Arbeitseinstellung überhaupt keine Forderungen erhoben oder Wünsche ausgesprochen, sondern es wurde eben der allgemeine Streik stillschweigend mitgemacht und so auch wieder beendigt.

Hier und da wurde sogar auf Befragen die Erklärung abgegeben, daß man keine besonderen Wünsche habe, mit Lohn und Behandlung zufrieden sei, daß man aber streike und streiken müsse, weil es von den anderen Zechen geschehe.

Auf einzelnen Werken war freilich das Verhalten der Belegschaften ein ganz anderes, ein ungestümes und herausforderndes.

Auch die Forderungen zeigten in ihren einzelnen Punkten untereinander mehrfache Abweichungen.

Uebereinstimmend waren dieselben in zwei Punkten: in der Erhöhung des Lohnes und in der Abkürzung der Schichtzeit; auch die Forderung der Beseitigung oder doch Einschränkung der Ueberschichten kehrte fast überall wieder. Im Uebrigen wurden neben jenen Hauptforderungen auf der einen Zeche diese, auf der anderen jene Forderungen und Wünsche ausgesprochen.

Als ein Beispiel statt vieler lassen wir hier die Forderungen der Belegschaft der Zeche ver. Bonifacius folgen.

Kray, den 10. Mai 1889.

Herrn Director Dick,

Hochwohlgeboren.

Euer Hochwohlgeboren erlauben sich Unterzeichnete im Nahmen der ver. Bonifacius folgende Bedingungen ergebenst vorzulegen:

Die Belegschaft hat in der heutigen Versammlung folgenden Beschluß gefaßt:
I. Das der Kohlenhauer nicht unter 4 ℳ. 50 ₰ per Schicht bei guter Wetterführung verdienen darf,
II. Der Reparatur-Hauer nicht unter 3 ℳ. 50 ₰.
III. Der Schlepper 3 ℳ. und der Pferdetreiber 2 ℳ. 50 ₰.
Außerdem fordert die Belegschaft eine achtstündige Schicht incl. Ein und Ausfahrt.
II. Dürfen keine Wagen existieren die über 10 Scheffel Inhalt enthalten, außerdem müssen selbige geeicht sein.
III. Darf dem Hauer kein Wagen Kohlen gestrichen werden, im höchsten Fall auf jedem Schacht fünf Wagen, außerdem müssen die Wagen so beschaffen sein, daß der Inhalt während des Transportes nicht an der Füllung verlieren kann.

IV. Das Holz resp. Schiehnen muß an die Bremse geliefert werden.
V. Das Gedinge, welches gestellt werden muß, muß am 1. resp. am 15. des betreffenden Monats im Voraus gestellt werden.
VI. Kein Steiger darf die Vollmacht besitzen, einen Bergmann höher als mit 25 ₰ zu bestrafen, außerdem muß der Belegschaft mindestens alle 3 Monate durch Kauenanschlag bekannt gegeben werden, wo die eingezogenen Strafgelder bleiben resp. verwendet worden sind.
VII. Diejenigen Bergleute welche von Seiten der Steiger die Ablehr erhalten resp. haben nehmen müssen wieder in Arbeit zu stellen, ebensowenig dürfen die betreffenden Kameraden, welche von Seiten der Belegschaft gewählt worden sind, die gerechte Forderung mit der Hochwohllöblichen Verwaltung zu verhandeln, in irgend einer Weise zu benachtheihligen resp. zu Maßregeln.
VIII. Außerdem hat die Belegschaft den Beschluß gefaßt die Überproduktion gänzlich fallen zu lassen.
IX. Sollen die Brandkohlen für die Belegschaft nicht mehr als 2 ℳ. pro Wagen in Anrechnung gebracht werden.
XI. Außerdiesen machen die Tagesarbeiter eine Forderung ihren bisherigen Lohn um 15% zu erhöhen.

Das Comitee.

gz. Zwiener Weiß Joh. Zimmermann H. Schanze Schwarz Friedr. Höcke

Wie aus der obigen Zusammenstellung hervorgeht, befanden sich bereits am 4. Mai eine erhebliche Zahl der größeren Werke im Norden des Bezirkes im Ausstande; ihnen folgten am Montag den 6. Mai die meisten übrigen Werke namentlich im Gelsenkirchener Bezirke. Gleichzeitig hatte sich der streikenden Arbeiter und mit ihnen der übrigen Bevölkerung naturgemäß eine große Aufregung bemächtigt, die durch mehrere Versammlungen an dem zwischen dem 4. und 6. Mai liegenden Sonntag und die in denselben gehaltenen aufreizenden Reden, — so in Dortmund, Gelsenkirchen, Essen — genährt wurde. An dem ersteren Orte war es namentlich der sozialdemokratische Weber Wesch von Crefeld und der Bergarbeiter Heep, welche zum Ausstande zu treiben bemüht waren.

Am 4. Mai Abends fanden bereits tumultuarische Ansammlungen auf den Straßen von Gelsenkirchen statt, bei denen die an demselben Tage auf der Zeche Hibernia wegen ihres anmaßenden Benehmens entlassenen jungen Burschen (Pferdetreiber ꝛc.) die Hauptrolle spielten und bei denen Ausschreitungen aller Art begangen wurden.

Am 5. Mai Abends 6 Uhr rückte in Folge dessen eine Kompagnie des 1. Westfälischen Infanterie-Regiments aus Münster ein und wurde auf die Orte Gelsenkirchen und Wanne vertheilt.

Gleichzeitig erließ die Polizeibehörde in Gelsenkirchen eine Warnung vor weiteren Zusammenrottungen und wurden sämmtliche

Schankwirthschaften geschlossen, was indeß nicht hinderte, daß am Abend des Sonntags weitere Zusammenrottungen und Unruhen erfolgten. Schon am 6. Mai wurden in Folge der Ausdehnung, welche der Ausstand nahm, die militärischen Kräfte in Gelsenkirchen und Umgegend verstärkt.

Am 7. Mai und den folgenden Tagen rückten weitere Truppen zur Aufrechthaltung der Ruhe in Dortmund und Bochum ein.

In der Nacht vom 6. auf den 7. Mai wurde auf einem der Kamine der Zeche Consolidation eine rothe Fahne ausgesteckt, welche die Inschrift trug:

„22 Tage Verspätung! Es lebe die Hochfluth im Ruhrrevier! Hoch Ferdinand Lassalle! Hoch Carl Marx!"

An demselben Tage fanden sich an einigen Straßenecken in Dortmund mit Kreide die Worte angeschrieben:

„Auf, Ihr Bergleute! Jetzt ist es Zeit!"

Alles deutete darauf hin, daß ernstere Katastrophen unausbleiblich geworden waren, und sie ließen nicht auf sich warten.

Allerorten fanden Versammlungen der Streikenden statt, theils in geschlossenen Räumen, theils unter freiem Himmel. Gleichzeitig wurden die Zechen umlagert, um die arbeitswilligen Bergleute von dem Einfahren abzuhalten, ohne daß die Polizei und die militärischen Patrouillen im Stande waren, dem Beginnen überall mit Erfolg entgegenzutreten.

Während so die Aufregung von Tage zu Tage wuchs und man sich auf das Schlimmste gefaßt machen mußte, traten die Vertreter von einigen 40 Grubenverwaltungen der Bezirke von Bochum, Herne und Gelsenkirchen, auf welche sich der Ausstand bis dahin vornehmlich erstreckte, am 8. Mai in Bochum zusammen, um zu den Forderungen der streikenden Belegschaften Stellung zu nehmen.

Man war in der Versammlung einig darüber, daß von Verkürzung der Schichtzeit unter keinen Umständen die Rede sein könne; man erklärte sich aber bereit, die gleichfalls geforderte Aufbesserung der Löhne vorzunehmen unter der Voraussetzung, daß die Arbeiter zunächst zur Arbeit zurückgekehrt sein würden.

Der Beschluß der Versammlung lautete:

„Die Versammlung verurtheilt das ungesetzliche Vorgehen der Bergleute, ohne Einhaltung der Kündigungsfrist durch plötzliche Arbeitseinstellung eine Lohnerhöhung erzwingen zu wollen. Sie lehnt besonders die allgemeine prozentuale Erhöhung der Löhne und die Verkürzung der achtstündigen Arbeitszeit ab. Die einzelnen Zechenverwaltungen sind dagegen bereit, nach Wiederaufnahme der Arbeit in der Lohnfrage berechtigten Ansprüchen entgegen zu kommen."

Wie weit die Dinge bereits gediehen und die Ansprüche gewachsen waren, geht daraus hervor, daß dieses Entgegenkommen der Zechen entweder gar keinen Eindruck machte oder der böswilligsten Kritik unterzogen wurde.

Der erste ernstere Zusammenstoß zwischen den Streikenden und dem Militär erfolgte in der Nähe der Zeche Moltke bei Bottrop. Hier hatten sich insgeheim die Streikenden am 7. Mai in großen Mengen angesammelt, wie es hieß, um das Kesselhaus zu zerstören. Nur mit Mühe konnten die Beamten dem Ansturm begegnen, bis die von Gelsenkirchen nachgesuchte militärische Hülfe eintraf. Das Militär wurde mit einem Hagel von Steinen empfangen. Nach wiederholter Aufforderung auseinanderzugehen, machte das Militär von seiner Waffe Gebrauch und es wurden von den Aufständigen 3 getödtet und 4 verwundet.

Seitdem das Militär in Bochum eingerückt war, hatten sich schon wiederholt in den Abendstunden vor dem dortigen Rathhause Volksmassen angesammelt, die durch Schreien und Johlen sich bemerkbar machten und die vor dem Rathhause befindliche Wache zu reizen bemüht waren.

Am Abend des 9. Mai, nachdem vorher in den Morgenstunden auf dem Schützenhofe in Bochum eine Massenversammlung Streikender stattgefunden hatte, in der die Gemüther aufs Neue nach Möglichkeit erhitzt waren, wiederholte sich der Straßentumult in verstärktem Maße, so daß der befehligende Offizier sich endlich genöthigt sah, einzuschreiten und von der Waffe Gebrauch machen zu lassen. Mehrere Todte oder Verletzte blieben auf dem Platze, durch einen unglücklichen Zufall fast nur Personen, die gerade vom Bahnhofe in die Stadt zurückkehrten und bei dem Tumult nicht betheiligt waren, während die Schuldigen sich rechtzeitig vor dem Schießen des Militärs in eine Seitenstraße zu retten gewußt hatten.

An diesem Tage feierten bereits 39 748 Arbeiter, etwa 40 Prozent der gesammten Bergarbeiter des Oberbergamtsbezirkes.

In der Nacht vom 9. auf den 10. Mai folgte der Bochumer Katastrophe bereits ein weiterer ernster Zusammenstoß zwischen der streikenden Arbeiterschaft und dem Militär auf dem Schachte Schleswig der Zeche Hörder Kohlenwerk.

Hier hatte eine Bande von 50 bis 60 Mann bereits am Tage vorher allerlei Unfug angestiftet. Abends gegen 10 Uhr war sie aufs Neue auf den Zechenplatz gezogen, hatte den Kesselwärter aus dem Kesselhaus vertrieben, und ihr Zerstörungswerk am Fördermaschinengebäude, auf der Ladebrücke, in den Steigerstuben und auf der Lampenstube begonnen. Die sich zur Wehr setzenden Beamten wurden in der brutalsten Weise mißhandelt und der Dachstuhl des Gebäudes, in dem das Lampenzimmer sich befand, nur mit Mühe vor der Zerstörung durch Brand gerettet.

Früh Morgens gegen 3 Uhr rückte eine Militärabtheilung zum Schutze des Werkes und der Beamten ein und machte so diesen Scenen ein Ende.

Durch eine andere Bande, die im Laufe des folgenden Tages sich zusammenrottete, wurde diese Abtheilung in der frechsten Weise verhöhnt, so daß dieselbe sich genöthigt sah, von der Feuerwaffe Gebrauch zu machen, wobei 2 Arbeiter der Kolonie Neu-Asseln und 1 Frau aus derselben Kolonie erschossen und 6 Personen mehr oder weniger schwer verwundet wurden.

Die Theilnehmer dieses wüsten Aufstandes haben ihre aufrührerischen Handlungen später bitter büßen müssen. Eine große Anzahl derselben wurde mit schweren Zuchthaus- und Gefängnißstrafen belegt.

Man hat es in der für die Interessen der Arbeiter eintretenden Presse nicht unterlassen, in wohlklingenden Worten das gesetzmäßige Verhalten der Arbeiter während der Streikbewegung zu preisen. Wir wollen diesem Lobe nicht unbedingt entgegentreten; unter einer Arbeiterzahl von mehr als 100 000 Mann befinden sich naturgemäß manche zweifelhafte Elemente und es würde nichts Auffallendes gehabt haben, wenn noch mehr Ausschreitungen stattgefunden hätten, als es in Wirklichkeit der Fall gewesen ist. Allein es hat an solchen Ausschreitungen wahrlich auch nicht gefehlt, wie die zahlreichen gerichtlichen Verurtheilungen nachher gelehrt haben, und die Staatsanwaltschaft hatte nur zu sehr Recht, wenn sie bei einer dieser Verurtheilungen jene Lobpreisungen auf das richtige Maß zurückführte und die große Anzahl von Gesetzwidrigkeiten betonte, welche der Streik gezeitigt habe.

Die blutigen Scenen in Bottrop, Bochum und auf dem Schacht Schleswig mußten auf die Bevölkerung ernüchternd wirken und gaben zugleich den Behörden Veranlassung, mit verstärkter Energie und durch Hinzuziehung weiterer militärischer und polizeilicher Kräfte die Ordnung und Ruhe aufrecht zu halten. Die Bewegung verlief in Folge dessen fortan, ohne zu weiterem Blutvergießen zu führen.

Gleichwohl hielten die Ausständigen zähe an ihren Forderungen fest und gaben wiederholt die Erklärung ab, daß sie nicht zur Arbeit zurückkehren würden, so lange diese Forderungen nicht sämmtlich bewilligt sein würden.

Eine Versammlung der „Delegirten" sämmtlicher Zechen der Umgegend von Bochum, Herne, Wanne, Dortmund und Recklinghausen faßte namentlich am 10. Mai den ausdrücklichen Beschluß, an der Forderung der achtstündigen Arbeitszeit einschließlich der Einfahrt und Ausfahrt festzuhalten.

Eine Verständigung zwischen den Grubenverwaltungen und den Ausständigen erschien unter diesen Umständen weit in die Ferne gerückt.

Gleichwohl glaubten die ersteren von einem Versuch, die Belegschaften zur Arbeit zurückzubringen, nicht Abstand nehmen zu dürfen.

Am 11. Mai trat der Vorstand des Vereins für die bergbaulichen Interessen zu einer Sitzung zusammen, in der die Forderungen der Streikenden nach allen Seiten hin einer eingehenden Prüfung unterzogen wurden und man schließlich zu dem Ergebniß kam, den Ausständigen zwar nochmals, wie es zwei Tage vorher in der Bochumer Zechenversammlung geschehen war, im Namen der Gesammtheit der Werke die Bereitwilligkeit zu einer angemessenen Erhöhung der Löhne nach Wiederaufnahme der Arbeit zu erkennen zu geben, dagegen aber den Ausstand als einen durchaus unberechtigten zu bezeichnen und zugleich die Forderung der Abkürzung der achtstündigen Arbeit unter Tage als eine jeder sachlichen Begründung entbehrende mit aller Bestimmtheit zurückgewiesen.

An den Verhandlungen des Vorstandes nahmen der Oberpräsident von Westfalen, Herr von Hagemeister, sowie die Regierungspräsidenten von Arnsberg und Düsseldorf, von Rosen und von Verlepsch, und der Berghauptmann des Bezirkes Theil.

Die Erklärung des Vorstandes des Vereins hat folgenden Wortlaut:

Erklärung.

1. Die seit Anfang dieses Monats im Gange befindlichen Arbeitseinstellungen auf den Steinkohlengruben des niederrheinisch-westfälischen Bergbaubezirkes, welche sich nunmehr auf bereits mehr als drei Viertheile aller Werke

— 16 —

erstrecken, sind ausnahmslos ohne vorherige Kündigung des Arbeitsvertrages erfolgt, beruhen deshalb in ihrem Ausgange auf **ungesetzlichem** Boden.

2. Die durch die Versammlung der Bergarbeiter und auf anderm Wege zur Kenntniß der Grubenverwaltungen gebrachten Anträge und Beschwerden der Arbeitsausständigen rechtfertigen das ungesetzliche Vorgehen der letzteren nicht. Es kann auch nicht zur Entschuldigung behauptet werden, daß in der wirthschaftlichen Lage oder in der Ordnung der Bergarbeit unseres Bezirks Mißstände vorlägen, unter deren Drucke besonnene Männer zur sofortigen Niederlegung der Arbeit Anlaß gehabt hätten.

In keinem Bergwerksbezirke des europäischen Festlandes besteht eine kürzere Arbeitszeit, als in unserem Bergrevier. Dieselbe ist vielmehr überall, insbesondere auch auf den staatlichen Steinkohlengruben Preußens, erheblich länger, als bei uns.

Auch die Höhe unserer Berglöhne übersteigt die aller deutschen Steinkohlengruben, einschließlich der fiskalischen.

Die beim Reichsversicherungsamte aufgestellte Nachweisung der in den Berufsgenossenschaften bezahlten anrechnungsfähigen Löhne ergibt für die die sämmtlichen Zechen des Oberbergamtsbezirks Dortmund umfassende Sektion II der Knappschaftsberufsgenossenschaft einen **Durchschnittslohn von 910,23 Mk.**, während der Durchschnittslohn der Bergarbeiter im Deutschen Reiche nach derselben Nachweisung nur 777,86 Mk. beträgt.

Während des laufenden Jahres hat auf den bei weitem meisten Gruben eine weitere Steigerung der Löhne stattgefunden und es lag in der vielen Bergleuten bekannten Absicht der einzelnen Verwaltungen, hiermit fortzufahren. Diese Absicht fand ihren wesentlichen Stützpunkt in der nach jahrelangem Darniederliegen im Jahre 1888 begonnenen Aufbesserung der Kohlenpreise und deren Zusammenhang mit der Verbesserung der Lage der Arbeiter.

3. Die älteren und ernsteren Bergleute vertrauten deshalb mit Grund der naturgemäßen Entwickelung der Lohnverhältnisse und der Verständigung mit der Verwaltung der einzelnen Zechen. Sie sind vorwiegend nur durch die Aufhetzungen und Drohungen jüngerer Arbeiter in den Strom der Bewegung hineingezogen worden.

4. Im Interesse der zukünftigen Entwickelung der Arbeitsverhältnisse innerhalb des Bezirks und zur Aufrechterhaltung der festen Grundlagen, auf denen dieselben beruhen müssen, könnten wir in dem uns jetzt von den Arbeitern ungesetzlich aufgenöthigten Kampf lediglich die Machtverhältnisse entscheiden lassen.

Wir erwägen jedoch die ungewöhnlich ernsten Folgen, welche die längere Fortdauer der Arbeitseinstellung nicht nur für unsern Bezirk, sondern auch für die weitesten Kreise des Vaterlandes hat und erklären deshalb rückhaltlos,

daß jede einzelne Grubenverwaltung unseres Bezirkes bereit und ernstlich entschlossen ist, den Arbeitern, wenn sie die Arbeit wieder aufgenommen haben werden, erhöhte Löhne zu bewilligen.

Es ist unmöglich und widersinnig — wie jeder Bergmann weiß — eine allgemeine Lohnerhöhung in bestimmter prozentualer Höhe für den Bergarbeiter vorzunehmen, und deshalb sinnlos, eine solche zu versprechen.

Wir beanspruchen aber für unsere feierliche Lohnerhöhungszusage das volle Vertrauen, welches dem Ernste und den Schwierigkeiten der Lage entspricht.

5. Was das Verlangen, die zur Zeit 8 Stunden unter Tage betragende Arbeitszeit abzukürzen, betrifft, so entbehrt dasselbe jeder sachlichen Begründung.

Essen, 11. Mai 1889.

Der Vorstand des Vereins für die bergbaulichen Interessen im Oberbergamtsbezirk Dortmund.

Dr. Hammacher. E. Heintzmann. E. Krabler. Gauhe. J. von der Becke. Henry Pick. O. Erdmann. E. Franken. Frielinghaus. Hugo Haniel. Hilbck. G. Hoffmann. Jencke. E. Kirdorf. Klrine. Julius Liebrecht. Pieper. Klve. Otto Köder. Kuppel. W. Schürenberg. Dr. Schulz. F. Schulz-Briesen. Schulz-Dellinghausen. W. von Oelsen. Oskar Waldthausen. Dr. Natorp.

Die Erklärung gelangte noch in der Nacht zum Sonntag (12. Mai) zur Versendung und wurde bereits an dem letzteren Tage durch Anschlag in den Kauen oder auf andere Weise zur öffentlichen Kenntniß unter den Belegschaften gebracht.

Trotzdem, daß nach der gedachten Erklärung für die Streikenden kein Zweifel darüber bestehen konnte, daß sie nach ihrer Rückkehr zur Arbeit auf eine wesentliche Aufbesserung ihrer Lohnverhältnisse zu rechnen haben würden, beharrten sie nicht nur in ihrer starr ablehnenden Haltung, sondern es schlossen sich nunmehr auch die Belegschaften der im Essener Bezirk belegenen Werke, welche bis dahin sich aus dem oben angedeuteten Grunde der Bewegung fern gehalten hatten, derselben an. In einer zahlreich besuchten Versammlung der letzteren, die am Sonntag (12. Mai) in Essen stattfand, wurde die Parole ausgegeben, am 14. Mai die Arbeit niederzulegen, und dieser Aufforderung wurde theils schon am 13., theils am 14. Mai fast von sämmtlichen Zechen (mit Ausnahme von Neu-Essen und Mathias Stinnes, deren Belegschaft schon vorher 1 Tag gestreikt hatte, nunmehr aber die Arbeit nicht wieder niederlegte) entsprochen.

So war die Zahl der Ausständigen am 14. Mai auf ungefähr 90 000 gestiegen, nahezu neun Zehntel sämmtlicher Arbeiter des Bezirks.

Mit der weiteren Ausdehnung des Ausstandes und den durch denselben herbeigeführten Folgen mußte die Aufmerksamkeit des In- und Auslandes sich mehr und mehr auf die Bewegung richten. Die gesammte wirthschaftliche Thätigkeit eines großen Theiles des Landes, insbesondere des großen rheinisch-westfälischen Industriebezirkes, erschien gelähmt oder geradezu zum Stillstand verurtheilt, wenn die Bewegung längere Zeit andauern sollte. Bereits hatten sich größere

Hüttenwerke genöthigt gesehen, in einem Theil ihrer Werkstätten den Betrieb einzustellen, weil es ihnen an Kohlen fehlte. Selbst der Eisenbahnverkehr erschien auf die Dauer ernstlich gefährdet. Nach allen Seiten hin, nach Oberschlesien, Saarbrücken, England, Belgien, wurden Anstrengungen gemacht, um den Bedarf an Kohlen zu decken, was selbstverständlich nur mit den empfindlichsten finanziellen Opfern und nur in verhältnißmäßig beschränktem Umfange möglich war. Die Firma Krupp hatte sich sofort nach Ausbruch des Streiks bedeutende Kohlenlieferungen aus Oberschlesien und England zu sichern gewußt, so daß es ihr gelang, nach einer kurzen theilweisen Unterbrechung den Betrieb in ihren umfangreichen Werkstätten während der ganzen Dauer des Streiks in vollem Umfange aufrecht zu erhalten.

Der Industriebezirk bot während des Ausstandes das eigenthümliche Schauspiel, daß die Kohlen in rückläufiger Bewegung aus den Rheinhäfen, aus Antwerpen, Rotterdam, Amsterdam, Hamburg u. s. f. demselben zuströmten.

Die Ausständigen sahen sich in ihrem Widerstande durch die Sympathien bestärkt, die ihnen von der klerikalen und einem großen Theile der übrigen Presse unausgesetzt entgegengebracht wurden und sie in dem Glauben bestärken mußten, daß ihre Forderungen die berechtigtsten von der Welt seien, deren Zurückweisung nur auf den bösen Willen der Werksbesitzer zurückzuführen sei.

Zugleich wurden die abenteuerlichsten Gerüchte verbreitet, um den Ausstand zu schüren. So die Nachricht, daß in den Bergbaubezirken von Oberschlesien, England und von den Vereinigten Staaten, ja sogar seitens einzelner wohlhabender Persönlichkeiten im Streikbezirk selbst große Summen zur Unterstützung der Streikenden zusammengebracht würden.

In dem westfälischen Theile des Bezirks wurde mit Zähigkeit die Behauptung verbreitet und leider auch geglaubt, der Oberpräsident Herr von Hagemeister habe einer Abordnung der Streikenden gegenüber den Ausstand als einen berechtigten anerkannt und die Bergleute zum Verharren auf ihren „gerechten Forderungen" aufgefordert.

Herr Geheimer Kommerzienrath Baare in Bochum machte dem Oberpräsidenten von dem Umlauf dieses Gerüchtes Mittheilung und der Letztere nahm in Folge dessen Veranlassung, in folgendem Schreiben der Behauptung öffentlich entgegenzutreten und in demselben besonders zu betonen, daß vor der Wiederaufnahme der Arbeit überhaupt von einer Prüfung und etwaigen Gewährung der erhobenen Forderungen die Rede sein könne. Das Schreiben lautet:

„Münster, 10. Mai 1889.

Ew. Hochwohlgeboren beehre ich mich, auf das gefällige Schreiben vom 9. d. M. ergebenst zu erwidern, daß, wenn angenommen und verbreitet wird, ich habe den Streik der Bergarbeiter für berechtigt erklärt, diese Angabe nicht dem thatsächlichen Hergange entspricht. Einer in Gelsenkirchen vor mir erschienenen Deputation streikender Bergarbeiter habe ich unter Hinweis auf die Bestimmungen der §§. 152 und 153 der Reichs-Gewerbe-Ordnung vom 21. Juni 1869 bedeutet: Verabredungen und Vereinigungen der Arbeiter zum Behufe der Erlangung günstigerer Lohn- und Arbeitsbedingungen mittelst Einstellung der Arbeit seien strafgesetzlich nicht verboten, dagegen machten diejenigen sich strafbar, welche versuchten, durch Zwang, Drohungen oder Ehrverletzungen andere zu bestimmen, an solchen Verabredungen teilzunehmen oder die Arbeit einzustellen. Die Festsetzung der Lohnsätze sei eine Sache der gegenseitigen Vereinbarung zwischen beiden Theilen und unterliege nicht der Entscheidung der staatlichen Behörden, letztere seien daher auch nicht berufen, über die von den streikenden Bergarbeitern erhobenen Forderungen in Betreff der Lohnerhöhung ein Urtheil abzugeben. Meine persönliche Meinung gehe dahin, daß, sofern die Bergleute zuvor die Arbeit wieder aufgenommen, die Werksbesitzer bereit sein würden, die Forderungen der Arbeiter wohlwollend zu prüfen, und deren Löhne unter Rücksichtnahme auf die stattgehabte Steigerung der Kohlenpreise angemessen zu erhöhen, insoweit dies nicht bereits geschehen sei. Einen Theil der vorgebrachten besonderen Forderungen müsse ich für gänzlich unausführbar und unbegründet erachten. Ew. Hochwohlgeboren stelle ich ergebenst anheim, den betheiligten Werksbesitzern in geeignet erscheinender Weise hiervon Kenntnis zu geben.

von Hagemeister."

Inzwischen hatten die streikenden Bergarbeiter eine Audienz bei Sr. Majestät dem Kaiser nachgesucht und gewährt erhalten. Die von dem Dortmunder „Central-Comité" gewählte Abordnung, bestehend aus den Bergarbeitern Schröder, Siegel und Bunte, die von da an in den Vordergrund der Bewegung treten, begab sich am 13. Mai nach Berlin und wurde dort am Morgen des folgenden Tages von dem Kaiser vorgelassen.

Die Abordnung trat mit folgenden bezeichnenden Worten vor den Kaiser:

„Wir fordern, erklärten sie, was wir von unseren Vätern ererbt haben, nämlich die 8stündige Schicht. Auf die Lohnerhöhung legen wir nicht Werth. Die Arbeitgeber müssen mit uns in Unterhandlungen treten: wir sind nicht starrköpfig; sprechen Majestät nur ein Wort, so würde es sich gleich ändern, manche Thräne würde getrocknet sein."

Die Lohnfrage, welche in Wahrheit den eigentlichen Kernpunkt der Bewegung bildete, wurde hier also als eine untergeordnete, mehr oder weniger gleichgültige in den Hintergrund gedrängt, und dagegen die Dauer der Schichtzeit als der springende Punkt aller Beschwerden bezeichnet.

Wenn dabei von dem Redner der Abordnung die Sache so dargestellt wurde, als ob in den westfälischen Steinkohlenbergwerken früher eine kürzere Schichtzeit bestanden habe, so widersprach dieses den Thatsachen: schon in der Cleve-Märkischen Bergordnung vom 29. April 1766 (Caput 49), welche für den größten Theil des heutigen Oberbergamtsbezirkes Dortmund bis zum Erlaß des Allgemeinen Berggesetzes Gültigkeit hatte, heißt es in Betreff der Arbeitszeit, wie folgt:

„§. 1. Die Schichten sollen auf den Werken und nach deren Bedürfniß vom Bergmeister und Geschworenen regulirt und dergestalt eingerichtet werden, daß die vollen Schichte zu 8 Stunden, die Nebenschichte aber 4 Stunden lang dauern. Es sollen aber auf den metallischen Bergwerken die Bergleute und Bergarbeiter allezeit früh um 4 Uhr die erste Schicht bis 12 Uhr Mittags, die andere Schicht von 12 Uhr Mittags bis 8 Uhr Abends und die dritte von 8 Uhr Abends bis 4 Uhr Morgens anfahren, auf den Steinkohlen-Bergwerken hingegen im Monat Januar und Dezember um 7 Uhr, im Februar und November um 6 Uhr, im März, April, September und Oktober um 5 Uhr, im Mai, Juni, Juli und August um 4 Uhr Morgens anfahren und also 8 Stunden beständig in der Arbeit sein, auch nicht eher ausfahren, bis diese 8 Stunden verflossen, und sie ausgeklopft werden."

Se. Majestät der Kaiser wies in seiner Antwort in der bestimmtesten Weise darauf hin, daß die Arbeiter sich durch ihre Arbeitseinstellung ohne Kündigung ins Unrecht gesetzt und daß sie die Pflicht hätten, zunächst zur Arbeit zurückzukehren. Er sprach ferner die ebenso bestimmte Erwartung aus, daß sie sich von sozialdemokratischen Bestrebungen fern zu halten hätten, und sagte ihnen im Uebrigen eine genaue Untersuchung ihrer Beschwerden zu.

Die Worte Sr. Majestät lauteten:

„Jeder Unterthan, wenn er einen Wunsch oder eine Bitte vorbringt, hat selbstverständlich seines Kaisers Ohr. Das habe Ich dadurch gezeigt, daß Ich der Deputation gestattete, hierher zu kommen, um ihre Wünsche persönlich vorzutragen. Ihr habt Euch aber ins Unrecht gesetzt, denn die Bewegung ist eine ungesetzliche, schon deshalb, weil die vierzehntägige Kündigungsfrist nicht innegehalten wurde, nach deren Ablauf die Arbeiter gesetzlich berechtigt gewesen sein würden, die Arbeit einzustellen. Infolgedessen seid ihr kontraktbrüchig. Es ist selbstverständlich, daß dieser Kontraktbruch die Arbeitgeber reizte und schädigte. Ferner sind die Arbeiter, welche nicht streiken wollten, mit Gewalt oder durch Drohung verhindert worden, die Arbeit fortzusetzen. Sodann haben sich einzelne Arbeiter an obrigkeitlichen Organen und fremdem Eigenthum vergriffen, sogar der zu deren Sicherheit herbeigerufenen militärischen Macht in einzelnen Fällen thätlichen Widerstand entgegengesetzt. Endlich wollt Ihr, daß die Arbeit erst dann gleichmäßig wieder aufgenommen werde, wenn auf allen Gruben Eure sämmtlichen Forderungen erfüllt sind. Was die Forderungen selbst betrifft, so werde Ich diese durch Meine Regierung genau prüfen und Euch das Ergebniß der Untersuchung durch die dazu bestimmten Behörden zugehen lassen. Sollten aber Ausschreitungen gegen öffentliche Ordnung und Ruhe vorkommen, sollte sich ein Zusammenhang der Bewegung mit sozialdemokratischen Kreisen herausstellen, so würde Ich nicht imstande sein, Eure Wünsche mit Meinem Königlichen Wohlwollen zu erwägen, denn für Mich ist jeder Sozialdemokrat gleichbedeutend mit Reichs- und Vaterlandsfeind. Merke Ich daher, daß sich sozialdemokratische Tendenzen in die Bewegung mischen und zu ungesetzlichem Widerstande anreizen, so würde Ich mit unnachsichtlicher Strenge einschreiten und die volle Gewalt, die Mir zusteht — und dieselbe ist eine große — zur Anwendung bringen! Fahret nun nach Hause und überlegt, was Ich gesagt habe. Sucht auf Eure Kameraden einzuwirken, daß dieselben zur Überlegung zurückkehren. Vor allem aber dürft Ihr unter keinen Umständen solche von Eueren Kameraden, welche die Arbeit wieder aufnehmen wollen, daran hindern."

Einer Aufforderung des Oberpräsidenten von Hagemeister entsprechend, begab sich eine Abordnung des Vorstandes des Vereins für die bergbaulichen Interessen am 15. Mai gleichfalls nach Berlin. Dieselbe bestand aus dem Vorsitzenden des Vereins, Herrn Dr. Hammacher, dem stellvertretenden Vorsitzenden Herrn Bergassessor Krabler und den Herren Geheime Kommerzienrath H. Haniel und Bergrath von Velsen.

Die Abordnung wurde am folgenden Tage in der Frühe von Sr. Majestät in Gegenwart des Herrn Ministers des Innern, Herrfurth, empfangen. Herr Dr. Hammacher nahm Namens der Abordnung das Wort:

„Wir glauben, daß die Arbeitgeber durch die öffentliche Erklärung des Vorstandes des Vereins vom 11. Mai ein weitgehendes Entgegenkommen zum Zweck der Herstellung friedlicher Verhältnisse bethätigt haben. Nach gewissenhafter Untersuchung sind wir als ehrliche Männer zur Ueberzeugung gekommen, daß ein wirklicher Grund zu der jetzt eingetretenen Benutzung des Koalitionsrechts Seitens der Arbeiter, selbst abgesehen von der ungesetzlichen Form, in der dieselben sich dieses Rechtes bedienten, nicht vorlag. Von den Forderungen der Arbeiter halten wir die auf Erhöhung der Löhne gerichtete für eine solche, zu deren Erreichung es der Arbeitseinstellung nicht bedurfte. Sachkundige wissen, daß die Bergarbeiter auch ohne die Arbeitseinstellung bei fortgesetzt günstiger Entwickelung der Kohlenpreise in den Genuß höherer Löhne gelangen werden. Die zweite bedeutungsvolle Frage betrifft die Länge der Arbeitszeit. Niemand wird aber sagen können, daß die bei uns eingeführte Arbeitszeit von 8 Stunden unter Tage, welche die kürzeste in allen Bergrevieren Deutschlands ist, für die Gesundheit und die Lebensverhältnisse des Arbeiters nachtheilig sei. Viele andere kleine Klagen hätte man zweckmäßig auf dem Beschwerdewege an die Bergbehörden und Grubenverwaltungen zu friedlichem, glücklichem Austrage bringen können. Trotzdem beschlossen wir die Zusage der Lohnerhöhung, wenn die Arbeit wieder aufgenommen werden würde, obschon der Streik wie eine Flutwelle über das Land kam und ohne Beachtung der gesetzmäßigen Kündigungszeit ausbrach. Sie wurde gegeben im Bewußtsein der ganzen Verantwortlichkeit, die heute auf den Schultern der Arbeitgeber ruht und in der Erkenntniß der verheerenden Folgen, welche die gewaltige Arbeitseinstellung bis in die weitesten Kreise des deutschen Vaterlandes fortgesetzt steigend ausübt. Jeder einzelne von uns bietet den feiernden Bergleuten die Hand zum Frieden. Es giebt aber eine Grenze für die Nachgiebigkeit. Diese ist gegeben durch die Pflichten, welche die Sorge für Ordnung und Sicherheit des Betriebes auferlegt. Gebe Gott, daß der Arbeiterausstand, der in ähnlichem Umfange Deutschlands Fluren nicht heimsuchte, bald verschwinden möge."

Auf die Anrede des Herrn Dr. Hammacher erwiderte der Kaiser, indem er demselben seine Allerhöchste Anerkennung für seine Bemühungen aussprach, die er am Tage vorher gemacht habe, um mit der Abordnung der Bergarbeiter eine Grundlage für eine Verständigung zwischen den streikenden Theilen herbeizuführen und zugleich seinem Bedauern darüber Ausdruck gab, daß zwischen den Grubenverwaltungen und den Arbeitern nicht die wünschenswerthe Fühlung vorhanden gewesen zu sein scheine, weil nur durch eine solche engere Beziehung zwischen beiden Theilen ähnliche Schwierigkeiten für die Zukunft zu vermeiden sein würden:

„Ich habe Ihnen," erklärte Se. Majestät, „die Audienz gestattet, weil es selbstverständlich Sache des Monarchen ist, daß, wenn Seine Unterthanen in Streitigkeiten untereinander der Verständigung bedürfen und sie sich dann vertrauensvoll an das Staatsoberhaupt wenden, dann beide Parteien gehört werden. Ich habe die Arbeiter vorgestern gehört und freue Mich, Sie heute zu sehen. Was die Ursache des Streiks anbetrifft und die Mittel zur Beseitigung desselben, so erwarte Ich eingehende Berichte Meiner Behörden. Es kommt Mir hauptsächlich darauf an, in Anbetracht der weitreichenden Schädigung der gesammten Bevölkerung, welche der Streik zur Folge hat, und nachdem ein zweiter Streik in Schlesien, übertragen aus Westfalen, im Ausbruch begriffen ist, möglichst bald dem großen westfälischen Streik ein Ende zu machen. Was Ich den Arbeitern gesagt, wissen Sie. Ich habe darin Meinen Standpunkt in aller Schärfe gekennzeichnet. Die Arbeiter haben Mir übrigens einen guten Eindruck gemacht. Sie haben sich der Fühlung mit der Sozialdemokratie enthalten. Daß die Worte, die Ich zu ihnen gesprochen, in den Arbeiterkreisen Westfalens Anklang gefunden, ist Mir durch Telegramm bezeugt und hat Mich gefreut, daß die Einmischungsversuche der Sozialdemokratie von ihnen mit Energie abgewiesen worden sind. Die Verhandlungen, die Sie, Herr Dr. Hammacher, als Vorsitzender des Vereins für die bergbaulichen Interessen, wie Ich gerne höre, mit der Arbeiterdeputation geführt haben, sind Mir durch den Herrn Minister des Innern zugegangen und ich spreche Meine Anerkennung für das Entgegenkommen aus, welches Sie den Arbeitern gezeigt haben, wodurch eine Grundlage zur Verständigung gewonnen worden ist. Ich werde Mich freuen, wenn auf dieser Basis sich Arbeitgeber und Arbeiter vereinigen werden. Ich möchte von Meinem Standpunkt noch eines betonen. Wenn die Herren der Ansicht sind, daß die von Mir gehörten Deputirten nicht die maßgebenden Vertreter der Kreise, die dort streiken, wären, so macht das nichts aus. Wenn sie auch nur einen Theil der Arbeiter hinter sich haben, und die Meinung wiedergeben, die in ihren Kreisen besteht, so wird doch immer der moralische Versuch der Verständigung von hohem Werthe sein. Sind sie aber wirklich die Delegirten derselben und haben sie die Ansicht der gesammten übrigen Arbeiter vertreten, und sind sie mit den Punkten, die sie Ihnen eröffnet haben, einverstanden, dann habe Ich zu dem gesunden vaterländischen Sinn dieser Männer das Vertrauen, daß sie, und nicht ohne Erfolg, alles daran setzen, möglichst bald ihre Kameraden wieder zur Arbeit zu bringen. Ich möchte bei dieser Gelegenheit allen Betheiligten bringend empfehlen, daß die Bergwerksgesellschaften und ihre Organe in Zukunft möglichst nahe sich in Fühlung mit den Arbeitern erhalten, damit ihnen solche Bewegungen nicht entgehen, denn ganz unerwartet kann der Streik sich unmöglich entwickelt haben. Es sind, wie Mir berichtet worden, allerdings Vorbereitungen getroffen worden. Es bestand die Absicht, einen allgemeinen Streik ausbrechen zu lassen, nur zu einer späteren Zeit. Und der Streik ist dort nur vorzeitig zum Ausbruch gekommen. Ich möchte Sie bitten, dafür Sorge zu tragen, daß den Arbeitern Gelegenheit gegeben werde, ihre Wünsche zu formuliren, und sich vor allen Dingen immer vor Augen zu halten, daß diejenigen Gesellschaften, welche einen großen Theil Meiner Unterthanen beschäftigen und bei sich arbeiten lassen, auch die Pflicht dem Staat und den betheiligten Gemeinden gegenüber haben, für das Wohl ihrer Arbeiter nach besten Kräften zu sorgen, und vor allen Dingen dem vorzubeugen, daß die Bevölkerung einer ganzen Provinz wiederum in solche Schwierigkeiten verwickelt werde. Es ist ja menschlich und natürlich — daß jedermann versucht, sich einen möglichst günstigen Lebensunterhalt zu erwerben. Die Arbeiter lesen die Zeitungen und wissen, wie das Verhältniß des Lohnes zu dem Gewinne der Gesellschaften steht. Daß sie mehr oder weniger daran Theil haben wollen, ist erklärlich. Deshalb möchte Ich bitten, daß die Herren mit dem größten Ernst die Sachlage jedes Mal prüfen und wo möglich für fernere Zeiten dergleichen Dingen vorzubeugen suchen. Ich kann Ihnen nur ans Herz legen, daß das, was der Herr Vorsitzende Ihres Vereins am gestrigen Tage mit Erfolg begonnen hat, möglichst bald zu gutem Ende geführt werde. Ich betrachte es als Meine Königliche Pflicht, den betheiligten Arbeitgebern wie den Arbeitern Meine Unterstützung bei Meinungs-Verschiedenheiten in dem Maße zuzuwenden, in welchem sie ihrerseits bemüht sind, die Interessen der gesammten Mitbürger durch Pflege und Einigkeit unter einander zu fördern und vor Erschütterungen wie diese zu bewahren."

Mit dem Empfang der Abordnungen der Arbeiter und der Werksbesitzer durch den Kaiser war die Bewegung an ihrem höchsten Punkte angelangt; und es bestätigte sich, was der Kaiser bereits in seiner Ansprache an die Werksbesitzer gesagt hatte, daß seine an die

Arbeiter-Abordnung gerichteten Worte in den Arbeiterkreisen Anklang gefunden hatten.

Trotz der Erklärung, welche die Bergarbeiter Schröder, Bunte und Siegel vor ihrer Abreise nach Berlin öffentlich abgegeben hatten, daß von einer Nachgiebigkeit der Ausständigen keine Rede sein könne, und daß „die Bergleute die Arbeit nicht aufnehmen würden, bis die Unternehmer das Wort ergriffen haben würden, um die bekannten Forderungen rückhaltlos zu bewilligen", nahm die Anzahl derjenigen Arbeiter, welche zur Arbeit zurückkehrten, wie die oben mitgetheilte Uebersicht über die Kohlenabfuhr zeigt, vom 16. Mai ab zwar langsam, aber stetig zu. Am 17. Mai hatten bereits 30 296 Mann die Arbeit wieder aufgenommen.

Andererseits hatte freilich die Bewegung einen weit bedenklicheren Charakter insofern angenommen, als in den letzten Tagen auch im Aachener Bezirk (14. Mai) und in Ober- und Nieder-Schlesien sowie in Zwickau die Bergarbeiter dem Vorgange in Westfalen gefolgt waren und begonnen hatten, die Arbeit niederzulegen. In Waldenburg streikten seit dem 15. Mai gegen 6000 Mann und forderten eine 10stündige Arbeitsschicht und eine Erhöhung ihrer Löhne um 25 bis 30 pCt. Die Zahl steigerte sich am folgenden Tage bis auf 12 000 und die Bewegung nahm bald einen tumultuarischen Charakter an.

Die Vergleichsverhandlungen zwischen dem Herrn Dr. Hammacher und der Abordnung der Bergarbeiter, deren der Kaiser in seiner Ansprache an die Werksbesitzer gedachte, hatten an dem zwischen dem Empfang der beiden Abordnungen gelegenen Tage im Reichstag stattgefunden. Der Erstere hatte sich auf den Wunsch der Bergleute, die sich nach der Audienz zum Reichstage begeben hatten, bereit finden lassen, mit denselben und den Reichstagsabgeordneten Schmidt (Elberfeld) und Baumbach in eine Besprechung einzutreten, um zu versuchen, mit denselben eine Grundlage für die Beilegung des Ausstandes zu gewinnen.

Das Ergebniß dieser langwierigen Berathung wurde in folgendem Protokolle niedergelegt, welches seitdem den Mittelpunkt der weiteren Erörterungen und Streitigkeiten sowohl im Schoße des Vorstandes des Vereins für die bergbaulichen Interessen, als auch in den Versammlungen der Bergarbeiter bildete. Schon hier möge vorbemerkt werden, daß es namentlich der §. 5 dieses Protokolles war, welchem die Streikenden später eine Auslegung zu geben versuchten, die bei der Niederschrift wenigstens Seitens des Herrn Dr. Hammacher nicht beabsichtigt war.

Geschehen Berlin, den 15. Mai 1889.

Nachdem an dem gestrigen Tage die von Sr. Majestät dem Kaiser empfangene Deputation der Bergleute auf den Steinkohlengruben im Oberbergamtsbezirk Dortmund, bestehend aus den Unterzeichneten, mit Reichstagsabgeordneten über den gegenwärtigen Ausstand Rücksprache genommen hatte, wurde auf Wunsch der Bergleute der Herr Reichstagsabgeordnete Dr. Hammacher ersucht, an einer diesbezüglichen Besprechung theilzunehmen. Herr Dr. Hammacher kam diesem Wunsche nach.

Die Verhältnisse wurden in der eingehendsten Weise erörtert. Die Bergleute brachten ihre Beschwerden und Wünsche ausführlich zur Sprache. Nachdem nun heute*) die Angelegenheit nochmals erörtert worden war, formulierten die Bergleute, nämlich 1) Friedrich Bunte aus Dortmund, Zeche „Westfalia", 2) Ludwig Schröter, aus Dortmund, Zeche „Kaiserstuhl", 3) August Siegel, aus Dorstfeld, Zeche „Zollern", ihre Wünsche gegenüber dem Herrn Reichstagsabgeordneten Dr. Hammacher, dem Vorsitzenden des Vereins für die bergbaulichen Interessen im Oberbergamtsbezirk Dortmund, schließlich dahin:

§. 1. Die Verwaltungen der Steinkohlengruben im Oberbergamtsbezirk Dortmund sollen sich verpflichten, ihre Bergleute künftighin über die normale achtstündige Schicht hinaus nicht arbeiten zu lassen.

§. 2. Überschichten können ausnahmsweise dann stattfinden, wenn zur Sicherheit des Bergwerks oder zur Sicherung von Bergleuten dringliche und unaufschiebbare Arbeit geboten ist.

§. 3. Soll in Fällen außerordentlicher Geschäftshäufung in Überschichten gearbeitet werden, so kann dies nur auf Grund einer vorgängigen Verständigung geschehen zwischen der Grubenverwaltung einerseits und einem Ausschuß von Vertrauensmännern der betreffenden Belegschaft andererseits.

§. 4. Dieser Ausschuß wird alljährlich von der Belegschaft in freier Wahl selbständig gewählt, und zwar von denjenigen Bergleuten der Belegschaft, welche das 25. Lebensjahr vollendet haben.

§. 5. In die achtstündige Normalschicht wird die Einfahrt wie die Ausfahrt nicht mit eingerechnet. Die Einfahrt wie die Ausfahrt sollen in der Regel jeweilig nicht länger als eine halbe Stunde dauern. Jedenfalls sind Einfahrt und Ausfahrt so zu ordnen, daß der Bergmann nicht länger als acht Stunden unter Tage bleibt.

§. 6. Der Verein für die bergbaulichen Interessen im Oberbergamtsbezirk Dortmund möge dafür eintreten, daß nach Erfüllung der vorstehenden Wünsche die Löhne der Bergleute, unter Rücksichtnahme auf die stattgehabte Steigerung der Kohlenpreise, in angemessener Weise erhöht werden.

§. 7. Die unterzeichneten Bergleute sprechen das Vertrauen aus, es werde der Verein für die bergbaulichen Interessen im Oberbergamtsbezirk Dortmund dafür sorgen, daß die Grubenverwaltungen dem Bergarbeiter durch die Form und Fassung der Abkehrscheine in seinem Fortkommen nicht hinderlich sind.

§. 8. Die Bergleute halten es für zweckmäßig, daß dem Bergmann für Pulver, Oel und Gezähe nur der Selbstkostenpreis seitens der Grubenverwaltungen in Anrechnung gebracht wird, statt daß ein dabei erzielter Gewinn für Unterstützungsfonds der Bergleute Verwendung findet.

---

*) Die erste Besprechung hatte bereits am 14. Mai Abends stattgefunden.

§. 9. Den Bergleuten soll wegen der gegenwärtigen Arbeitseinstellungen nach Wiederaufnahme der Arbeit keinerlei Nachtheil seitens der Grubenverwaltungen zugefügt werden.

§. 10. Die unterzeichneten Bergleute erklären, daß sie bei Annahme dieser Wünsche seitens des Vorstandes des Vereins für die bergbaulichen Interessen ihren ganzen Einfluß dahin geltend machen werden, daß sofort seitens der ausständigen Bergleute die Wiederaufnahme der Arbeit erfolgt.

Der Reichstagsabgeordnete Dr. Hammacher erkennt in diesen Vorschlägen das Ergebniß einer eingehenden, allseitig von dem ernsten Streben nach sofortiger Beseitigung des Ausstandes getragenen Verhandlung, bei welcher die anwesenden Deputirten der Bergarbeiter offen und rückhaltlos für die Wiederherstellung des dauernden Friedens mit den Arbeitgebern eintraten und auf weitergehende Forderungen im Interesse der Einigung verzichteten. Dr. Hammacher hält die vorstehend formulirten Wünsche für eine geeignete Grundlage zur Verständigung und verspricht, dieselben ungesäumt den heute eintreffenden Bergwerksvertretern vorzulegen, und wenn auch diese seine Ansicht theilen, sofort eine Sitzung des Vereinsvorstandes zu berufen und eine rasche Entscheidung herbeizuführen.

Mit Rücksicht auf diese Erklärung beschließen die Anwesenden, sich morgen, 9 Uhr, im Reichstage wieder zusammenzufinden.

V. G. U.

Ludwig Schröder.   **Friedrich Bunte.**   **August Siegel.**
Dr. **Hammacher.**

Zur Beglaubigung:
Schmidt-Elberfeld.   **Sarnbach-Berlin.**

Bevor wir zu der Stellung übergehen, welche der Vorstand des Vereins für die bergbaulichen Interessen zu der Niederschrift über die gedachten Verhandlungen vom 15. Mai einnahm, muß hier eines Zwischenfalles Erwähnung gethan werden, der für die Taktik charakteristisch ist, welche von den Gegnern der Grubenverwaltungen eingeschlagen wurde, um dieselben ins Unrecht zu setzen und Zwiespalt zwischen ihnen hervorzurufen.

Die Berliner „Freisinnige Zeitung" verbreitete plötzlich die Nachricht, daß die Ausgleichsverhandlungen in Sachen des westfälischen Bergarbeiterstreiks abgebrochen seien, da Herr Bergassessor Direktor Krabler am 16. Mai Abends jede weitere Verhandlung, zu der die übrigen Mitglieder der Abordnung der Werksbesitzer bereit gewesen seien, von vornherein abgelehnt habe, und daß die übrigen Mitglieder der Abordnung darauf erklärt hätten, ohne Herrn Krabler nicht verhandeln zu können.

An dieser ganzen Nachricht war kein Wort wahr: zwischen der Abordnung der Werksbesitzer und den Arbeiterdelegirten hatten keine Verhandlungen stattgefunden und konnten überhaupt keine stattfinden, da dazu die erstere in keiner Weise ermächtigt war, und ebensowenig hatte eine Meinungsverschiedenheit zwischen den Mitgliedern der Abordnung stattgefunden, wie denn überhaupt unter den Grubenverwaltungen während des ganzen Streikes keinerlei Gegensätze ernsterer Natur zu Tage getreten sind.

Der so verdächtigte Herr Bergassessor Krabler gab denn auch sofort in Gemeinschaft mit den übrigen Mitgliedern der Abordnung eine öffentliche Erklärung ab, welche die Unrichtigkeit der Behauptungen der „Freisinnigen Zeitung" darthat.

Aber der Zweck, den man verfolgte, war vorläufig erreicht; es war gelungen, eine bestimmte Persönlichkeit aus der Zahl der Werksbesitzer und Direktoren herauszugreifen und die Sache so darzustellen, als ob durch die Unversöhnlichkeit eines Einzigen die Beendigung des Ausstandes unmöglich gemacht sei.

Am 18. Mai trat der Vorstand des Vereins für die bergbaulichen Interessen zusammen und einigte sich gegenüber den in dem Berliner Protokoll niedergelegten Verständigungsvorschlägen zu folgender Erklärung:

In Folge der vielfachen aufklärenden Erörterungen über die wirklichen Verhältnisse auf den Steinkohlengruben des niederrheinisch-westfälischen Bezirkes, namentlich aber in Folge der an die Deputation der Arbeiter gerichteten landesväterlichen Worte Sr. Majestät unseres erhabenen Kaisers sind im Laufe der letzten Tage bereits viele Bergleute zur Arbeit zurückgekehrt und beginnt ruhige Ueberlegung an Stelle gereizter Uebertreibung zu treten.

In beiderseitigem Interesse begrüßen wir diese Wendung zum Frieden mit aufrichtiger Freude.

Gern folgen wir auch dem, unserer Deputation von Sr. Majestät allergnädigst kundgegebenen Wunsche, unseren, auf die Wiederherstellung guter und geordneter Arbeitsverhältnisse, zunächst auf die Beilegung des gegenwärtigen Arbeitsausstandes gerichteten festen Willen zu bethätigen.

Wir wiederholen deshalb unsere Erklärung vom 11. d. Mts., daß jede Gruben-Verwaltung unseres Bezirkes bereit und ernstlich entschlossen ist, den Arbeitern, wenn sie die Arbeit wieder aufgenommen haben, erhöhte Löhne zu bewilligen.

Diese Zusage wird redlich erfüllt werden.

In der Lohnerhöhung lag und liegt aber der Kernpunkt der Wünsche der Arbeiter, dessen Wert man erst nach dessen Erledigung durch unsern Beschluß vom 11. d. Mts. abzuschwächen versuchte.

Der auf den Frieden gerichtete Wille der Arbeitgeber gelangt überdies dadurch zum klarsten Ausdruck, daß trotz des ohne vorherige Kündigung erfolgten Ausstandes auf allen Gruben die Zahlung der verdienten Löhne in gewohnter Weise erfolgt ist und auch weiter erfolgen wird.

Was die Wünsche betrifft, welche die Deputirten eines Theiles der Bergleute unserm ersten Vorsitzenden, Herrn Dr. Hammacher, gegenüber bei den am

14. und 15. b. Mts. in Berlin gepflogenen Verhandlungen dargelegt haben, so stehen wir nicht an, rückhaltlos darüber folgende Erklärungen abzugeben, für deren Durchführung wir unseren ganzen Einfluß einzusetzen versprechen:

1. Die normale Dauer der Schicht unter Tage ist 8 Stunden, und es soll streng darauf gehalten werden, daß diese Frist vom Schluß der Einfahrt bis zum Beginn der Ausfahrt nicht überschritten wird.

Es wird also in die 8stündige Normalschicht die Einfahrt wie die Ausfahrt nicht mit eingerechnet. Die Einfahrt wie die Ausfahrt soll jeweilig in der Regel nicht länger als eine halbe Stunde dauern.

2. Ueberschichten können ausnahmsweise stattfinden, wenn zur Sicherheit des Bergwerks oder zur Sicherung von Bergleuten bringliche und unaufschiebbare Arbeit geboten ist.

Soll in Fällen außerordentlicher Geschäftshäufung oder zum Ausgleich stattgehabter Betriebsstörung in Ueberschichten gearbeitet werden, so kann dies nur auf Grund einer vorherigen Verständigung zwischen den Grubenverwaltungen und den Bergleuten geschehen.

Hiermit erledigt sich der ausgesprochene Wunsch nach der Bildung von Vertrauensmänner-Ausschüssen zur Entscheidung über die Zulässigkeit von Ueberschichten von selbst.

3. Jeder direkte oder indirekte Zwang zur Ueberschichtarbeit wird den Grubenbeamten streng untersagt.

Insbesondere wird dafür gesorgt werden, daß die Arbeiter, welche an Ueberschichten nicht theilnehmen wollen, ungestört und ohne vorherige Meldung zur gewöhnlichen Schichtzeit ein- und ausfahren können.

4. Wir werden das Vertrauen rechtfertigen, welches in dem Sinne gegen uns ausgedrückt ist, daß wir für eine Form und Fassung der Ablehrscheine der Bergarbeiter sorgen, die dem Fortkommen des Arbeiters nicht hinderlich ist.

5. Ueberall, wo es von den Belegschaften gewünscht wird, sind die Grubenverwaltungen bereit, die Ausgaben für Pulver, Oel und Gezähe, soweit sie den Arbeitern in Abzug gebracht werden, nach den Selbstkosten zu berechnen, anstatt den bei dem seitherigen Pauschalverfahren herbeigeführten Ueberschuß an die Unterstützungskasse für die Bergarbeiter und deren Familien abzuführen.

6. Den Bergleuten soll wegen der gegenwärtigen Arbeitseinstellung nach Wiederaufnahme der Arbeit keinerlei Nachtheil seitens der Grubenverwaltungen zugefügt werden.

Wir glauben durch diese offenen Erklärungen und Zusagen die Hindernisse der Beendigung des Arbeiterausstandes aus dem Wege geräumt zu haben und geben uns der festen Hoffnung hin, daß die noch feiernden Bergleute nunmehr ungesäumt ihre regelmäßige Arbeit wieder aufnehmen werden.

Essen, 18. Mai 1889.

Der Vorstand des Vereins für die bergbaulichen Interessen
im Oberbergamtsbezirk Dortmund.

Dr. Hammacher. E. Heintzmann. E. Krabler. Poniver. J. von der Heyde. Henry Dyk. G. Erdmann. E. Frenken. Frielinghaus. Hugo Haniel. Hilbk. G. Hofmann. Jencke. E. Kirdorf. Kleine. Julius Liebrecht. Pieper. Klut. Otto Köder. Kuppel. W. Schürenberg. Dr. Schulz. P. Schulz-Briesen. Schulze-Pellinghausen. Mathias Stinnes. W. von Velsen. Oskar Waldthausen. Dr. Malory.

Es wurde also in dieser Erklärung auf das bestimmteste wiederholt, daß man bereit sei, eine angemessene Erhöhung der Löhne eintreten zu lassen, sobald die Arbeiter die Arbeit wieder aufgenommen haben würden. Ebenso bestimmt wurde aber auch die eigentliche Schichtzeit (mit Ausschluß der Zeit für die Ein- und Ausfahrt) auf 8 Stunden festgesetzt.

In Bezug auf die Ueberschichten, auf die Form und Fassung der Abkehrscheine, auf die Ausgaben für Pulver, Oel und Gezähe zeigt die Erklärung ein Entgegenkommen, welches jeden Bergarbeiter, der nicht von blinder Leidenschaft erfüllt war, zur Wiederaufnahme der Arbeit bestimmen mußte.

Auch schien es in der That so, als ob mit der wohlwollenden und entgegenkommenden Erklärung des Vorstandes des Bergbau-Vereins das Ende des Ausstandes besiegelt sei.

Schon am 19. Mai, am Tage nach der Sitzung des Vorstandes, dessen Erklärung inzwischen durch Anschlag in den Kauen zur allgemeinen Kenntniß der Belegschaften gebracht war, faßten die „Delegirten der Grubenarbeiter des Oberbergamtsbezirks Dortmund" in einer Versammlung zu Bochum einmüthig den Beschluß, rückhaltslos dem Beschluß der Vorstands-Sitzung des Vereins vom 18. Mai zuzustimmen.

Die Versammlung sprach allerdings gleichzeitig ihr Bedauern darüber aus, daß der Vereinsvorstand die Bildung von Ausschüssen aus der Belegschaft abgelehnt habe, und zugleich wurden in dem Beschlusse einige Forderungen und Wünsche nochmals aufgeführt und genauer festgestellt, allein das änderte nichts an der Thatsache, daß von den Delegirten den Belegschaften empfohlen wurde, am Dienstag (21. Mai) auf allen Zechen die Arbeit wieder aufzunehmen.

Der Bochumer Beschluß vom 19. Mai lautet:

„Die heutige Versammlung der Deputirten der Grubenarbeiter des Oberbergamtsbezirks Dortmund spricht ihr Bedauern darüber aus, daß der Vorstand des bergbaulichen Vereins für den Oberbergamtsbezirk Dortmund trotz unseres weitgehenden Entgegenkommens nicht bedingungslos die zwischen den Deputirten Schröder, Bunte, Siegel und Herrn Dr. Hammacher in Berlin am 14. und 15. b. M. gepflogenen Verhandlungen angenommen hat. Wir bedauern insbesondere aufs Lebhafteste, daß unser Vorschlag in §. 4 des Berliner Protokolls, betreffend die Bildung von Ausschüssen aus der Belegschaft, keinen Anklang gefunden hat, trotz der herrlichen, beherzigenswerthen Worte unseres allergnädigsten Kaisers, daß die Arbeitgeber dafür sorgen sollen, sich die möglichst nahe Fühlung mit den Arbeitern zu erhalten. Versammlung genehmigt nach Lage der Verhältnisse rückhaltlos das Protokoll der Vorstandssitzung des Vereins für die bergbaulichen Interessen vom 18. Mai in seinen thatsächlichen, auf das Berliner Protokoll bezüglichen Bestimmungen, um unser Vaterland möglichst bald von einer durch uns nicht verschuldeten Krisis zu befreien; sie spricht die

Erwartung aus, daß die Grubenverwaltungen ihren patriotischen Sinn und die auf das soziale Wohl ihrer Arbeiter gerichteten Interessen baldigst nach der Richtung zur Geltung bringen, daß sie die in §. 3 des Berliner Protokolls angeführten Aussprüche als erstrebenswerthes Ziel, eine Annäherung zwischen Arbeitgeber und Arbeitnehmer, ins Auge fassen. Die heute versammelten Delegirten der Bergleute des Oberbergamtsbezirks Dortmund empfehlen den Belegschaften, am Dienstag auf allen Zechen die Arbeit wieder aufzunehmen und durch ihre Deputirten mit den betreffenden Zechenverwaltungen festzusetzen:

1. wie die Löhne der Gedinge erhöht werden;
2. daß für keinen Bergmann die Schicht länger als acht Stunden dauert, daß die Ein- und Ausfahrt in der Regel nicht länger als eine halbe Stunde dauert, und daß bei längerer Dauer der Seilfahrt die Zeit möglichst auf Kosten der Zeche geht;
3. daß Ueberschichten nur stattfinden:
   a) wenn sie zur Sicherheit des Bergwerks oder zur Sicherheit der Bergleute nothwendig sind;
   b) wenn solche nach vorheriger Verständigung zwischen Grubenverwaltung und Bergleuten in Fällen außerordentlicher Geschäftshäufung nothwendig sind;
4. jeden Zwang zu Ueberschichten zu verbieten, insbesondere dem Bergmann ohne vorherige Meldung zu gestatten, zur gewöhnlichen Schichtzeit ein- und auszufahren;
5. Pulver, Oel und Gezähe nur zum Selbstkostenpreise der Zechen zu berechnen;
6. eine Maßregelung der Streikenden auszuschließen;
7. die Ablehrscheine gemäß §. 4 des Essener Protokolls des Vorstandes des Vereins für die bergbaulichen Interessen einzurichten;
8. der Vorstand des Vereins für die bergbaulichen Interessen ist nach seiner Erklärung verpflichtet, für die strikte Durchführung dieser Bedingungen einzutreten;
9. bezüglich des Wagennullens und der Ordnungsstrafen, des Unternehmerwesens u. s. w. bringen wir in Vorschlag, daß das Central-Streik-Comité über die letzteren Punkte eine Denkschrift an das Königliche Oberbergamt richtet, und auf die baldmöglichste Beseitigung aller nach dieser Richtung eingerissenen Mißstände hinzuwirken sucht."

Wahrscheinlich um die Widerstrebenden mit dem Beschluß auszusöhnen, wurde am Ende des Beschlusses die Wiederaufnahme des Ausstandes nach zwei Monaten vorgesehen, wenn inzwischen die Bedingungen des Beschlusses von den Grubenverwaltungen nicht erfüllt sein sollten.

Dem Bochumer Beschlusse wurde thatsächlich in den nächsten Tagen von einer großen Anzahl von Belegschaften Folge gegeben.

Am 21. Mai betrug die Zahl der Bergleute, welche die Arbeit wieder aufgenommen hatten, bereits 73 995, am 23. Mai war sie auf 76 101 Mann gestiegen.

Da trat das Unerwartete ein und es hatte auf einige Tage den Anschein, als solle der Ausstand aufs Neue mit aller Gewalt entbrennen.

In dem Dortmunder Bezirke wurde mit einem Male und zwar noch am Tage der Wiederaufnahme der Arbeit selbst, 21. Mai, das Gerücht verbreitet, die Zechenverwaltungen seien wortbrüchig geworden und weigerten sich, die Zusagen auszuführen, welche von dem Vorstande des Vereins für die bergbaulichen Interessen in seiner Erklärung vom 18. Mai gemacht worden waren.

Dabei wurde von den Aufwieglern der Stelle in der Erklärung, welche von der Dauer der Schichtzeit handelt, wider besseres Wissen die Auslegung gegeben, daß in der dort vorgesehenen achtstündigen Schicht die Zeit der Einfahrt und Ausfahrt mit einbegriffen sei, obgleich die Fassung der Erklärung in diesem Punkte eine so klare und bestimmte ist, daß eine Mißdeutung unmöglich war.

Das Wasser für die Mühle der klerikalen Blätter war damit gegeben. Die ultramontane Tremonia veröffentlichte sofort folgenden Brandartikel, mit welchem sie ihrem demagogischen Treiben die Krone aufsetzte:

„Das Unerhörte ist geschehen! Soeben gehen uns von allen Seiten Nachrichten zu, daß auf den meisten Zechen der Streik fortgesetzt wird, weil die resp. Zechenverwaltungen keinerlei Verpflichtungen und Aenderungen nach den Essener und Bochumer Resolutionen annehmen wollen. Man hat von den Leuten einfach gefordert: fahrt ein, dann verhandeln wir wegen der Lohnerhöhung mit jedem Einzeln. Mit der Ein- und Ausfahrt hat man überall die alten Uebelstände weiter existieren lassen wollen. Ein Schrei der Entrüstung wird durch die ganze civilisirte Welt gehen ob dieses Vorgehens und diejenigen Pessimisten scheinen recht zu behalten, welche den größten Theil unserer Zechenverwaltungen in den düstersten Farben schilderten!"

Schon am Mittwoch (den 22. Mai) fand an der Hobertsburg bei Dortmund eine von 1500 Arbeitern besuchte Versammlung statt, in welcher von allen Rednern behauptet wurde, daß von einer großen Zahl von Gewerkschaften die in der Essener Erklärung gegebenen Zusicherungen nicht gehalten seien und der Ausstand deshalb fortgesetzt werden müsse.

Beweise für diese Behauptung wurden nicht beigebracht; so weit Klagen erhoben wurden, wie in Bezug auf die Zechen Wienbahlsbank und Unser Fritz, erwiesen sie sich nach sofort angestellter Untersuchung schon am folgenden Tage als durchaus unbegründet.

Doch behielt in dieser Versammlung noch die gemäßigtere Richtung die Oberhand, indem die Führer Schröder und Bunte schließlich beauftragt wurden, für ihre Kameraden die Verhandlungen mit Herrn Dr. Hammacher bezw. mit den Grubenverwaltungen von neuem aufzunehmen. Der Ausstand sollte inzwischen fortgesetzt werden.

Die unerwartete Wendung, welche der Ausstand durch diese Vorgänge genommen hatte, veranlaßte den Vorstand des Vereins für die bergbaulichen Interessen, am 23. Mai abermals zu einer Sitzung in Dortmund zusammenzutreten.

In derselben wurde in verschiedenen Fällen festgestellt, daß die Behauptungen der klerikalen Presse und der Redner in den Versammlungen von der Wortbrüchigkeit der Zechenverwaltungen jeder thatsächlichen Begründung entbehrten. Auch hatten die „Delegirten" der Bergleute, mit welchen Herr Dr. Hammacher am Abend des 22. aufs Neue verhandelt hatte, in keiner Weise diese Wortbrüchigkeit nachzuweisen vermocht.

Der Vorstand erließ in Folge dessen eine „Erklärung", in der er einerseits wiederholt versichert, daß er die in seiner Erklärung vom 18. Mai gemachten Zugeständnisse in ihrem vollen Umfange aufrecht halte, andererseits aber auch ebenso bestimmt zu erkennen giebt, daß er sich in keinem Punkte zu weitergehenden Zugeständnissen bestimmen lassen werde, und zugleich bringend ersucht, die Arbeit wieder aufzunehmen.

Die Erklärung lautete:

Es ist den Feinden des Friedens zwischen Arbeitern und Arbeitgebern leider gelungen, besonders im Gelsenkirchener und Dortmunder Revier, die mühsam erreichte und von allen Seiten freudig begrüßte Verständigung in Frage zu stellen.

Den Zechenverwaltungen wird Wortbrüchigkeit vorgeworfen, ohne daß, abgesehen von ganz vereinzelten, der Aufklärung noch bedürftigen oder bereits widerlegten Fällen, angegeben wäre, auf welchen Zechen und in welchen Punkten der Essener Erklärung vom 18. b. M. nicht entsprochen sei. Dagegen haben Bergleute mehrerer Gruben die Arbeit mit dem Verlangen wieder verlassen, daß die achtstündige Schicht auch die Zeit der Ein- und Ausfahrt in sich schließen müsse. Sie setzen sich durch diese ganz unerfüllbare Forderung in Widerspruch mit der klaren Bestimmung der Essener Erklärung vom 18. b. M., welche in der Versammlung der Vertreter der Bergleute zu Bochum am 19. b. M. rückhaltlos anerkannt wurde. Trotzdem erklärt sich der unterzeichnete Vorstand bereit, jede Beschwerde, welche bei ihm wegen Nichtinnehaltens der Essener Erklärung vom 18. b. M. eingehen sollte, einer gewissenhaften Prüfung zu unterziehen und bietet erforderlichenfalls seine Vermittelung zur ungesäumten Abhülfe an. Derselbe steht nach wie vor unentwegt auf dem Boden seiner Erklärung vom 18. b. M. und wird alle darin gegebenen Zusagen getreulich erfüllen, wird sich indessen in keinem Punkte zu weitergehenden Zugeständnissen bestimmen lassen.

Im Interesse des Friedens und des Wohlergehens Aller und eingedenk der Ermahnungen unseres erhabenen Kaiserlichen Herrn, fordern wir die noch ausstehenden Bergleute bringend auf, die Arbeit wieder aufzunehmen. Zu den zur Arbeit zurückgekehrten Bergleuten haben wir das feste Vertrauen, daß sie sich durch nichts von dem Wege des Friedens und treuer Pflichterfüllung werden drängen lassen.

Dortmund, 23. Mai 1889.

Der Vorstand des Vereins für die bergbaulichen Interessen im Oberbergamtsbezirk Dortmund.

Dr. **Hammacher.** C. **Heintzmann.** C. **Krabler.** **Souiver.** J. **von der Becke.** **Henry Dyh.** G. **Erdmann.** C. **Franken.** **Frielinghaus.** **Hugo Haniel.** **Hilbck.** G. **Hoffmann.** **Jrnâr.** C. **Kirdorf.** **Kleine.** **Julius Liebrecht.** **Pieper.** **Kine.** **Otto Köder.** **Kuppel.** W. **Schürenberg.** Dr. **Schulz.** F. **Schulz-Briesen.** **Schulze-Dellingtausen.** **Mathias Stinnes.** W. **von Velsen.** **Oskar Waldthausen.** Dr. **Natorp.**

Nach dieser Sitzung des gedachten Vereins fand noch in den Nachtstunden in Dortmund eine neue Verhandlung zwischen Herrn Dr. Hammacher und 10 Vertretern der ausständigen Arbeiter statt, zu welcher dieses Mal auch Herr Dr. Natorp zugezogen wurde.

Nachdem die Arbeiter-Vertreter aus der Mittheilung des vorher gefaßten Beschlusses des Vorstandes des Bergbauvereins ersehen hatten, daß auf weitere Zugeständnisse Seitens der Grubenverwaltungen nicht zu rechnen sei und namentlich auch an der achtstündigen Schichtzeit unter Tage unter allen Umständen werde festgehalten werden, verpflichteten sich sämmtliche Arbeiter, mit einziger Ausnahme von Bunte, in der auf den folgenden Tag nach Bochum einberufenen allgemeinen Delegiertenversammlung für die Wiederaufnahme der Arbeit einzutreten. Bunte erklärte seinerseits, daß er sich nur verpflichten könne, über den Inhalt der Verhandlungen in der Versammlung zu berichten, daß er aber die Entscheidung über die Wiederaufnahme der Arbeit dieser überlassen werde.*)

Hiernach durfte man sich dem Glauben hingeben, daß in der am folgenden Tage (24. Mai) stattfindenden Versammlung die Wiederherstellung des Friedens einmüthig oder doch mit großer Mehrheit werde beschlossen werden.

---

*) Ueber die zwischen Herrn Dr. Hammacher und den Vertretern der Arbeiter am 22. und 23. Mai gepflogenen Verhandlungen hat der erstere einen Bericht in der Rheinisch-Westfälischen Zeitung und der National-Zeitung veröffentlicht, den wir in Anlage I folgen lassen.

Aber es zeigte sich sehr bald, daß man auch dieses Mal sich geirrt hatte.

Die Versammlung, die von 3½ Uhr Nachmittags bis zum Abend hin dauerte, nahm einen sehr stürmischen Verlauf und endete mit dem mit 69 gegen 48 Stimmen gefaßten Beschluß, den Streik fortzusetzen.

Der Leiter der Versammlung, Weber, derselbe Mann, der am Abend vorher dem Herrn Dr. Hammacher feierlich zugesagt hatte, zum Frieden zu reden, zeigte schon bei Beginn derselben, wie wenig geneigt er war, sein Wort zu halten. Die große Mehrzahl der Redner überbot sich in Angriffen gegen die Zechen und in Steigerung der bisher erhobenen Forderungen. „Wir sind noch Herren der Situation," rief Einer derselben aus; „Herren wollen wir bleiben und die das nicht thun, sind Verräther an den Kameraden!"

Am maßlosesten von allen gebärdete sich Weber. Bei der Wiederaufnahme der Verhandlungen nach der in denselben eingetretenen Pause soll er sich zur Fortführung des Vorsitzes mit der Bemerkung bereit erklärt haben: es liege ihm viel an der Achtung seiner Kollegen, sie stehe ihm höher, als die Achtung des Kaisers; niemand könne ihn kaufen, auch der Kaiser nicht.

Weber wurde in Folge dieser Aeußerung wegen Majestätsbeleidigung und Vergehens gegen §. 130 des Strafgesetzbuches am Tage nach der Versammlung verhaftet.

Nachdem die Abstimmung erfolgt war, schloß er die Versammlung mit folgenden Worten:

„Kameraden! Der Kampf hat wieder begonnen; übermorgen ruhen wieder sämmtliche Kohlenzechen von Rheinland und Westfalen. Kameraden! Ihr habt dokumentirt durch Eure Abstimmung, daß Ihr den Grubenverwaltungen nicht mehr glauben wollt. Gestern Abend habe ich Herrn Dr. Hammacher erklärt, daß ich zum Frieden bereit sei. Jetzt, da wieder zum Kampfe geblasen wird, jetzt bin auch ich wieder auf dem Platze. Kampf auf allen Wegen! Kampf dem Kapital! Die anwesenden Vertreter der Presse ersuche ich, es hinauszuposaunen in alle Welt, daß wir Bergleute an dieser Stelle feierlich erklären, zu siegen oder zu sterben. Wir ziehen gegen das Kapital zu Felde, weil die Herren vom Kapital den Kampf gegen uns heraufbeschworen haben. Jetzt Krieg bis aufs Messer! Sieg oder Tod! Denjenigen Deputirten, der feige die Fahne verläßt, erkläre ich für einen Schurken, der nicht werth ist, ein Deutscher zu heißen! Tragen wir aber Sorge, daß wir in der gereizten Stimmung, in der wir uns jetzt befinden, doch nicht die Sympathien Sr. Majestät des Kaisers verscherzen, der so wohlwollende Worte an unsere Abordnung gerichtet hat. Beobachtet vollständige Ruhe, auch schon deswegen, damit die Gefängnisse nicht mit unseren Kameraden gefüllt werden. Die Verhältnisse dürften jetzt schlimmer werden als vorher. Diejenigen, die uns in den Kampf gedrängt haben, wollen die Revolution!" *)

In Verfolg des Bochumer Beschlusses vom 24. Mai erließ nunmehr das General-Streikcomité am 25. Mai folgenden Aufruf zum Wiederbeginn des allgemeinen Streiks:

„Beschluß der Delegirten der Bergleute von Rheinland und Westfalen vom 24. Mai im Schützenhof zu Bochum. Nach dem Vertragsbruche der Essener Erklärung vom 18. Mai cr. durch mehrere Bergwerksbesitzer ist auf dem heutigen Delegirtentage im Schützenhofe zu Bochum folgendes beschlossen worden:

I. **Der Ausstand der Bergarbeiter sämmtlicher Zechen von Rheinland und Westfalen beginnt am Montag den 27. Mai cr.** und dauert, bis die Erfüllung folgender allgemeiner Forderungen von allen Grubenvorständen rc. schriftlich dem Central-Streikcomité zu Bochum, Tonhalle, eingesandt ist.

II. **Forderungen:** 1) Es darf die Schicht unter Tage für alle Bergarbeiter nur 8 Stunden betragen. Die Förderschicht muß so geregelt werden, daß die Seilfahrt Morgens 5, Mittags 1 und Abends 9 Uhr, bezw. 6, 2 und 10 Uhr beginnt. 2) Es dürfen keine Ueberstunden oder Ueberschichten gemacht werden, bevor die Verwaltungen der Zechen sich mit den Deputirten der Belegschaft dahin verständigt haben. Hiervon sind ausgeschlossen diejenigen Ueberstunden und Ueberschichten, die zur Sicherheit des Betriebes oder der Bergleute absolut nothwendig sind. 3) Eine Lohnerhöhung von 15 pCt. für alle Schichtlohnarbeiter; eine Lohnerhöhung von 20 pCt. für alle im Gedinge Arbeitende mit einem bisherigen monatlichen Verdienste von nur 50—80 ℳ. Eine Lohnerhöhung von 15 pCt. für solche, die 80—100 ℳ. verdienten, und eine Lohnerhöhung von 10 pCt. für diejenigen, die 100 ℳ. und darüber verdient haben. 4) Es dürfen weder Delegirte, oder sonstige Arbeiter nach Wiederaufnahme der Arbeit in irgend einer Weise gemaßregelt oder benachtheiligt werden.

Mittheilung.

Die übrigen Uebelstände sollen durch die Deputirten der einzelnen Belegschaften oder durch die Centralleitung beigelegt werden.

Das Central-Streikcomité.

Weber-Bochum, **Bunte**-Dortmund, **Fickmann**-Ueckendorf, **Grabe**-Gelsenkirchen, **Mühlenbeck**-Essen.

---

*) Den stenographischen Bericht über die Bochumer Versammlung lassen wir nach der Rheinisch-Westfälischen Zeitung in Anlage II folgen.

Mit dem Ausgange der Bochumer Versammlung hatte das Drama seinen Höhepunkt erreicht.

Die radikalen Elemente hatten in derselben den Sieg davongetragen, aber es sollte zu Tage treten, daß sie die Rechnung ohne den Wirth gemacht hatten. Von dem 24. Mai ab ging die Bewegung trotz der Erklärung des General-Streikcomités vom 25. Mai rasch ihrem Ende entgegen.

Der weitaus größte Theil der Belegschaften zeigte bald, daß er Besonnenheit genug besaß, um dem wüsten Beschlusse einer kleinen Mehrheit ihrer Delegirten keine Folge zu geben. Nur auf wenigen Zechen kam man der Aufforderung der Delegirten nach; im Allgemeinen wurde da, wo die Arbeit bereits wieder aufgenommen war, sie nicht wieder aufgegeben und nach wenigen Tagen hatte der Ausstand überhaupt sein Ende erreicht.

Schon am 29. Mai sahen sich die Führer der Bewegung genöthigt, selbst die Arbeiter zur Wiederaufnahme der Arbeit aufzufordern.

Sie erließen unter dem gedachten Tage folgende Bekanntmachung:

Kameraden!

Nach dem Beschluß der Delegirten vom 24. b. Mts. in Bochum hat es sich gezeigt, daß diejenigen Delegirten die Belegschaften nicht mehr hinter sich hatten, welche es durchsetzten, daß weitergestreikt werden sollte. Kameraden! Fast überall haben die Belegschaften die Arbeit wieder aufgenommen, folgen auch wir im Vertrauen darauf, daß die Zechenverwaltungen ihr Wort halten werden, ihrem Beispiel und nehmen am 31. b. Mts. die Arbeit insgesammt wieder auf.

Dortmund, 29. Mai 1889.

Juole, Westfalia. **Siegel**, Zollern. **Schröder**, Kaiserstuhl. **Winke**, Katserstuhl. **Kohlrupfer**, Minister Stein. **Süningheus**, Gneisenau. **Folwerheus**, Tremonia. **Feuer**, Westfalia.

Im Uebrigen hatte auch bereits der Vorstand des Vereins für die bergbaulichen Interessen die ihm angehörigen Zechen ersucht, den feiernden Arbeitern den 31. Mai als letzten Termin zur Wiederaufnahme der Arbeit zu setzen, die bis dahin nicht Zurückkehrenden aber aus der Liste der Belegschaften zu streichen und diesem Ersuchen war man auf allen Werken nachgekommen.

Aber auch nach zwei anderen Seiten blieben die Folgen des radikalen Beschlusses der Bochumer Versammlung nicht aus.

Die Sympathien, welche den Ausständigen bis dahin von vielen Seiten entgegengebracht waren, erkalteten zusehends. Man hatte aus dem Gebahren der Führer der Bewegung ersehen, wohin dieselben mit ihren eigentlichen Absichten steuerten, und wandte sich von dem revolutionären Gebahren derselben ab.

Andererseits sahen sich die Königlichen Behörden von da ab zu strengerem Vorgehen gegen die Ausständigen veranlaßt.

Die Versammlungen der Arbeiter, die bis dahin so wesentlich dazu beigetragen hatten, die Aufregung zu unterhalten und zu nähren, wurden strenger überwacht, und, wo es nach den gesetzlichen Bestimmungen zulässig war, ganz untersagt. Namentlich wurden fortan die Versammlungen unter freiem Himmel nicht mehr geduldet.

Die Blätter, welche das Hetzen zum Ausstande fortsetzten, wurden mit Beschlag belegt oder, namentlich auch mit Rücksicht auf die vorher von ihnen gebrachten Aufreizungen und erlogenen Nachrichten, in Anklagezustand versetzt.

Gleichzeitig wurden mehrere Leiter der Bewegung verhaftet. Die Mehrzahl derselben wurde zwar bald darauf wieder aus der Haft entlassen, gegen den Bergmann Weber, der sich noch in Haft befindet (24. Juli), ist indeß dem Vernehmen nach eine gerichtliche Untersuchung eingeleitet.

Diese und andere Maßregeln waren insofern von Wirkung, als durch dieselben die in weiten Kreisen der Arbeiter und auch des Publikums verbreitete Meinung, daß die Behörden auf Seiten der Ausständigen ständen, eine Widerlegung erfuhr.

Auch der in denselben Tagen erfolgende Rücktritt des Herrn Oberpräsidenten v. Hagemeister von seiner amtlichen Stellung mußte dazu beitragen, dieser Auffassung ein Ende zu machen.

Ganz unbegründet waren übrigens diese im Publikum und namentlich unter den Bergleuten verbreiteten Anschauungen nicht, und sie haben unverkennbar dazu beigetragen, die Belegschaften in ihrem Widerstande gegen die Grubenverwaltungen zu bestärken.

Namentlich wurden von den Grubenverwaltungen in Gelsenkirchen, Wattenscheid, Stoppenberg und anderwärts die bittersten Klagen über die eigenthümliche Stellung erhoben, welche einzelne Amtmänner und Bürgermeister dem Streik gegenüber einnahmen.

Mit Widerstreben mußten die Verwaltungen wahrnehmen, daß die Behörden sich in einen Kampf einmischten, der nach der Natur der Sache unter den streikenden Theilen allein ausgefochten werden konnte und mußte.

Mit dem 31. Mai konnte man den Ausstand als beendigt ansehen. Die Belegschaften sämmtlicher Zechen waren an diesem Tage in ihrer großen Mehrheit zurückgekehrt; nur einzelne der Führer und Arbeiter, die während des Streiks eine besonders leidenschaftliche Haltung eingenommen hatten, zögerten noch mit der Rückkehr zur Arbeit. Von den Grubenverwaltungen wurden, getreu der wiederholt von dem Vorstande des Vereins für die bergbaulichen Interessen abgegebenen Zusage, sämmtliche Arbeiter ohne Rücksicht auf deren Haltung während des Ausstandes wieder zur Arbeit angenommen.

Von dem Tage der Einstellung des Streiks ab war die mit Zähigkeit verfolgte Taktik der radikalen Elemente der Arbeiterschaft und der christlich-sozialen Presse die, daß man in den weitesten Kreisen den Glauben zu verbreiten suchte, der ja auch den Vorwand für den verhängnißvollen Beschluß der Bochumer Versammlung abgegeben hatte, die in der Erklärung des Vorstandes des Bergbauvereins enthaltenen Zugeständnisse würden von den Zechenverwaltungen nicht innegehalten: die zugesagte Erhöhung der Löhne sei eine geringfügige oder habe überhaupt nicht stattgefunden, die Seilfahrt werde in alter bisheriger Weise gehandhabt, die Maßregelungen der gestreikt habenden Leute nähmen kein Ende und dgl. m.

Durch eine Fluth von Artikeln suchte man in dieser Weise die Aufregung in den Arbeiterkreisen zu unterhalten und, was die Presse nicht that, geschah in den Versammlungen der Bergarbeiter, die unausgesetzt ihren Fortgang nahmen.

Diesen Verdächtigungen wurde von den Grubenverwaltungen in den meisten Fällen durch öffentliche Erklärungen an der Hand von Thatsachen entgegengetreten.

Zugleich legten sich die Behörden ins Mittel, indem sie jeden Fall, in welchem gegen eine Zeche der Vorwurf erhoben wurde, daß sie den Beschlüssen in der Erklärung des Bergbauvereins vom 18. Mai nicht nachgekommen sei, sobald derselbe zu ihrer Kenntniß gelangte, einer Untersuchung unterzogen und das Ergebniß derselben öffentlich bekannt gaben.

In amtlicher Weise wurde eine solche Klarstellung der von den Streikenden erhobenen Beschwerden in dem westlichen, dem Regierungsbezirk Düsseldorf angehörigen Theile des Bergwerksbezirkes schon während des Ausstandes geregelt, wo sich die Königlichen Revierbeamten auf Veranlassung des Herrn Regierungs-Präsidenten Freiherrn von Berlepsch in Düsseldorf bereit finden ließen, eine Aufklärung über die behaupteten Mißstände jedesmal sofort herbeizuführen und, wo dies nicht möglich sein sollte, eine eingehende Untersuchung an Ort und Stelle zur Aufklärung des Sachverhaltes vorzunehmen und von deren Ergebniß den Betheiligten Kenntniß zu geben.

Die dahin zielende Verordnung lautete:

„Nachdem wiederholt in der Presse und in öffentlichen Versammlungen Seitens der Bergleute gegen die Zechenverwaltungen der Vorwurf erhoben worden ist, daß sie nicht entsprechend den Beschlüssen des Vorstandes des Vereins für die bergbaulichen Interessen vom 18. b. Mts. handelten, und da es dringend wünschenswerth erscheint, die Richtigkeit dieser Vorwürfe sofort und zweifellos klar zu stellen, haben sich die Herren Revierbeamten bereit erklärt, hier in Frage stehende Beschwerden von den Bergleuten ihres Reviers persönlich entgegen zu nehmen. Sollte eine Aufklärung der behaupteten Mißstände sich nicht durch Rücksprache herbeiführen lassen, so werden die Herren Revierbeamten eine eingehende Untersuchung an Ort und Stelle zur Aufklärung des Sachverhalts vornehmen, von deren Resultat den Betheiligten Kenntniß gegeben wird.

Düsseldorf, 26. Mai 1889.

Der Regierungs=Präsident.
Freiherr von Berlepsch."

In ähnlicher Weise wurde auch in einigen Kreisen Westfalens vorgegangen. In Folge dessen sahen sich die klerikalen Blätter genöthigt, in der Mittheilung von angeblichen Beschwerden gegen die Grubenverwaltungen vorsichtiger zu sein, wenn sie sich nicht zu unbequemem Widerruf genöthigt sehen wollten.

Die Anzahl der so zur Kenntniß der Behörden gebrachten Beschwerden war übrigens eine verschwindend kleine und kaum eine unter denselben erwies sich nach näherer Prüfung als einigermaßen begründet; der beste Anhalt zur Beurtheilung der Frage, welcher Werth den in den Versammlungen und in der Presse bis zum Ueberdruß gegen die Zechen erhobenen Vorwürfen in Wirklichkeit beizumessen war.

Wer sich überhaupt nicht absichtlich gegen die Wahrheit verschließen wollte, der mußte anerkennen, daß es die Grubenverwaltungen von Anfang ab an Entgegenkommen gegen ihre Belegschaften keinen Augenblick hatten fehlen lassen; sie waren nur da mit Entschiedenheit und unter Umständen auch strenge aufgetreten, wo es die Umstände, die Rücksicht auf die Disziplin und die Ordnung gebieterisch geboten.

Man hätte es ihnen nicht verargen können, wenn sie nach dem rücksichtslosen und zum Theil brutalen Vorgehen der Streikenden mit der entsprechenden Strenge zu Werke gegangen wären.

Die Art und Weise, in welcher die Belegschaften ohne jede vorherige Kündigung, ja oft ohne irgendwelche Aeußerung die Arbeit verließen, hat zwar auch, wie so vieles Andere in diesem Streik, eine mehr als nachsichtige Entschuldigung in weiten Kreisen der

Bevölkerung und in der Presse gefunden, als ob es sich dabei nur um eine Formalität von untergeordnetem Werthe handelte; in Wirklichkeit hatten sich aber die Arbeiter durch ihre Handlungsweise gegenüber ihren Arbeitgebern in schweres Unrecht gesetzt, und diese Handlungsweise war nur zu erklären, wenn man von vornherein entschlossen war, die Erhöhung der Löhne und andere Wünsche nicht auf dem gewöhnlichen, durch die Arbeitsordnungen vorgesehenen Wege zu erreichen, sondern auf gewaltthätige Weise zu erzwingen.

Anstatt Gleiches mit Gleichem zu vergelten, erklärten die Grubenverwaltungen, wie oben erwähnt, von vornherein schon in der engeren Versammlung in Bochum am 8. Mai und alsdann durch ihre Gesammtvertretung am 11. Mai ihre Bereitwilligkeit, eine Erhöhung der Löhne eintreten zu lassen, freilich unter der selbstverständlichen Voraussetzung, daß das durch den plötzlichen Ausstand aufgelöste Arbeitsverhältniß zunächst wieder hergestellt sein müsse.

Die Grubenverwaltungen sind im Laufe der Zeit noch weiter gegangen und haben, wie die späteren Erklärungen des Vorstandes des Vereins zeigen, noch belangreiche Zugeständnisse der werthvollsten Art gemacht, weil sie sich sagten, daß sie als der einsichtigere Theil der beiden streitenden Parteien mit Rücksicht auf die allgemeinen Interessen, die bei dem Ausstande auf dem Spiel standen, und auf den Einfluß des Ausstandes auf den gesammten Wirthschaftsbetrieb des Landes die Pflicht hätten, jedes Zugeständniß zu machen, welches mit den Interessen der von ihnen vertretenen Werke irgend vereinbar war.

Jede Grubenverwaltung hat ihrer Belegschaft den bestimmten Willen zu erkennen gegeben, diese Zugeständnisse zur Wahrheit zu machen, sobald die Arbeit wieder aufgenommen sein würde, und jede Verwaltung hat daran die Zusicherung geknüpft, daß den zur Arbeit Zurückkehrenden keinerlei Nachtheil wegen der Arbeitseinstellung zugefügt werden solle.

Auch im Uebrigen zeigte man schon während des Streiks, daß man mit aller Nachsicht zu verfahren entschlossen sei. Sowohl in der ersten Hälfte des Mai (10.) wurden an die Streikenden auf den im April verdienten Lohn die gewohnten Abschlagszahlungen geleistet, als auch in der zweiten Hälfte (25. Mai) der Rest des Verdienstes, wie unter normalen Verhältnissen, ausgezahlt, obgleich mit dieser Maßregel den Ausständigen das Mittel zur Verlängerung des Ausstandes an die Hand gegeben wurde.

Sämmtliche in der Erklärung des Vorstandes des Vereins für die bergbaulichen Interessen vom 18. Mai b. J. gemachten Zugeständnisse sind auch von den Grubenverwaltungen nach Wiederaufnahme der Arbeit treulich gehalten worden trotz aller Behauptungen vom Gegentheil, freilich nicht in dem Sinne, wie sie später in den Arbeiterversammlungen tendenziös dargestellt worden sind, sondern in dem Sinne und gemäß den unzweideutigen Worten der Erklärung.

Auch sind sämmtliche Arbeiter, welche sich bis zu dem ihnen gesteckten Endtermin des 1. Juni zur Wiederanfahrt gemeldet haben, ohne Rücksicht auf die Rolle, welche sie während des Ausstandes gespielt hatten, zur Arbeit wieder angenommen.

Selbstverständlich konnte sich aber die Amnestie, die zugesichert war, nicht auch auf die Zeit nach dem Streik erstrecken, und die Grubenverwaltungen haben nicht gezaudert, da, wo einzelne ihrer Arbeiter nach dem Streik fortfuhren, sich in Verdächtigungen und Unbotmäßigkeiten gegen die Verwaltungen zu ergehen, von ihrem Rechte Gebrauch zu machen und derartige Elemente aus den Reihen ihrer Belegschaften zu entfernen. Wie aus diesem für die Aufrechthaltung der Autorität unerläßlichen Vorgehen der Vorwurf der Wortbrüchigkeit oder übertriebener Härte hergeleitet werden kann, dürfte schwer erfindbar sein.

Noch bevor der Ausstand zum Abschluß gelangte, kam die unerwartete Nachricht, daß der Oberpräsident der Provinz Westfalen, Herr von Hagemeister, um seinen Abschied eingekommen sei (29. Mai). Es war begreiflich, wenn die öffentliche Meinung diesen Rücktritt des höchsten Beamten der Provinz mit dem Ausstande in Verbindung setzte und auf Meinungsverschiedenheiten zurückführte, die in Betreff der mit dem Ausstande in Verbindung stehenden Fragen zwischen ihm und der Königlichen Staatsregierung zu Tage getreten waren. Worin diese bestanden, darüber fehlte es natürlich nicht an allerlei Muthmaßungen, die wir auf sich beruhen lassen müssen.

Nur auf Einen Punkt soll hier aufmerksam gemacht werden, weil er zu Erörterungen Anlaß gegeben hat, die für die Zukunft nicht ohne Bedeutung sein dürften.

In der Behandlung des Streiks von Seiten der Behörden war insofern eine gewisse Verschiedenheit zu Tage getreten, als in dem zu Westfalen gehörigen Theile des Industriebezirkes von vornherein militärische Kräfte zur Aufrechthaltung der öffentlichen Ordnung herangezogen worden waren und in dem Bezirke noch längere Zeit nach der Beendigung des Ausstandes verblieben, während in dem zum Regierungsbezirk Düsseldorf gehörigen Theile man sich zur Erreichung desselben Zweckes auf eine Verstärkung der Polizei und die Heranziehung von Gensdarmeriekräften aus anderen Bezirken beschränkt hatte. Daß man hier von einer Verstärkung der öffentlichen Gewalt durch Heranziehung von Militär Abstand nahm, erklärt sich zum Theil durch den Umstand, daß, wie schon oben erwähnt, die Bewegung in den Kreisen Essen, Mülheim und Ruhrort einen weit ruhigeren Verlauf nahm und von kürzerer Dauer war, als in den westfälischen Bezirken.

Jedenfalls gab diese Verschiedenartigkeit in dem Auftreten der Behörden dazu Anlaß, daß man auf die Unzweckmäßigkeit der gegenwärtigen Eintheilung der Verwaltungsbezirke der Regierung hinwies, durch welche ein Gebiet, welches so enge in sich zusammenhängt und von solcher Gemeinsamkeit der Interessen getragen wird, wie der niederrheinisch-westfälische Industriebezirk, in Bezug auf die staatliche Verwaltung in zwei Theile zerrissen erscheint.

Gleichzeitig mit dem Ende des Ausstandes der westfälischen Bergarbeiter ging auch derjenige der oberschlesischen Arbeiter seinem Abschlusse entgegen. Der oberschlesische Bezirk war überhaupt nicht von einem allgemeinen, alle oder die Mehrzahl der Zechen umfassenden Ausstande heimgesucht worden und von verhältnißmäßig kurzer Dauer gewesen. In Niederschlesien hatte dagegen der am 14. Mai ausgebrochene Streik sehr bald einen leidenschaftlichen Charakter angenommen und zu wilden Tumulten geführt; auch dort war es aber gelungen, die Ausständigen schon nach Verlauf von einer Woche zur Wiederaufnahme der Arbeit zu bestimmen.

Ein besonderes großes Aufsehen erregte die Arbeitseinstellung auf den Staatsbergwerken von Saarbrücken. Die Bewegung nahm in dem dortigen Bezirke zwar erst weit später, als in Westfalen, ihren Anfang, sie erhielt sich aber auch dort mit ziemlicher Zähigkeit bis in den Monat Juni hinein.

Hier, wo der Bergwerksbetrieb von Königlichen Behörden geleitet wurde, wo die staatliche Verwaltung doch von jeher darauf bedacht gewesen war, die Wohlfahrt und Zufriedenheit der Arbeiter nicht bloß durch einen auskömmlichen Lohn, sondern auch durch Einrichtungen verschiedener Art (Schulanstalten, Bauprämien ꝛc.) zu fördern, hier hatte man ein so gewaltthätiges Vorgehen in keiner Weise erwartet, und man war deshalb nicht wenig erstaunt, als man vernahm, daß auch hier die Arbeiter vor einem Streik nicht zurückgeschreckt waren.

Wenn so selbst die fiskalischen Werke von einer Arbeitseinstellung nicht verschont blieben, so mußte sich jedem unparteiischen Beobachter der Gedanke aufdrängen, ob in einem Bezirke, wie dem westfälischen, wo die Verhältnisse des Arbeiters in Bezug auf die Dauer der Schichtzeit und auf den Lohn günstiger, hinsichtlich anderer Beschwerdepunkte mindestens ebenso günstig lagen, wie in dem Saarbrücker Bezirk, die Forderungen der Streikenden wirklich so „berechtigt" waren, wie man allgemein suchte glauben zu machen.

* * *

Der Massenausstand der westfälischen Arbeiter hatte mit dem Ende des Monats Mai seinen vorläufigen Abschluß gefunden. Die Bergarbeiter waren zur Arbeit zurückgekehrt oder sie hatten sich in alle Welt zerstreut und andere Arbeit aufgesucht.

Die mit dem gewaltigen Ausstande hervorgerufene und genährte Aufregung konnte freilich noch nicht so bald einer ruhigeren Stimmung Platz machen, immerhin ist es schon heute möglich, Veranlassung und Fortgang der Bewegung einer Beleuchtung zu unterziehen und den wahrheitswidrigen Nachrichten und Behauptungen, die hierüber in der Presse während des Streiks und nach demselben verbreitet worden sind, an der Hand der Thatsachen entgegenzutreten. Namentlich die klerikalen Blätter des Bergbaubezirkes haben in der Entstellung der Wahrheit und in der Verläumdung und Verhetzung der Grubenverwaltungen das Unglaubliche geleistet und wer mit einiger Aufmerksamkeit und Unparteilichkeit das nichtswürdige Gebahren dieser Blätter verfolgt hat, wird nicht darüber in Zweifel sein können, daß, wenn der Arbeiter-Ausstand diesen leidenschaftlichen Verlauf genommen hat der zu den revolutionären Ausbrüchen in der Bochumer Versammlung führte, die Verantwortung dafür in erster Linie auf jene in christlichem Gewande einherschreitenden sozialistischen Organe zurückzuführen ist.

Volle Klarheit wird freilich erst die angeordnete amtliche Untersuchung der von den Streikenden erhobenen Beschwerden schaffen können. Unter dem 25. Mai ist bekanntlich bereits an die zuständigen Behörden der Bergverwaltung und der allgemeinen Verwaltung die Anweisung ergangen, „mit Ermittelungen über die Ursachen des westfälischen (und wahrscheinlich auch derjenigen der übrigen Provinzen) Kohlenstreiks ungesäumt vorzugehen, die etwa vorhandenen Mißstände, insoweit die gesetzlichen Bestimmungen eine Handhabe dazu bieten, sofort abzustellen, und im übrigen auf deren Abstellung und Erfüllung der gerechten Forderungen der Arbeiter in geeigneter Weise hinzuwirken."*)

---

*) Der Fragebogen, auf Grund dessen die Untersuchungen stattgefunden haben, ist in der Anlage III mitgetheilt.

Der westfälische Bergbau kann einer solchen Untersuchung nur mit Ruhe und Befriedigung entgegensehen und hat zum Voraus die überzeugungsfeste Gewißheit, daß die Anklagen gegen die Gruben= verwaltungen über die zahllosen Mißstände, deren sie sich schuldig gemacht haben sollen, sich zum weitaus größten Theile als unbe= gründet erweisen werden. Mißständen und Unzuträglichkeiten wird man auch beim westfälischen Bergbau, wie in jedem anderen Gewerbs= zweige, vielleicht hier und da begegnen; aber wo in aller Welt wäre das nicht der Fall und wann wäre es möglich, einer menschlichen Einrichtung eine Gestalt zu geben, die über allem Tadel stände? Es wird sich bei diesen Erhebungen darum handeln, festzustellen, ob die Behauptungen der klerikalen Presse, daß die westfälische Bergarbeiter= bevölkerung „sozial=politisch geknechtet" sei, daß sie „schon seit Jahren Not und bitteres Elend" getragen habe, daß „deren Dasein schlechter= dings kein menschenwürdiges" sei und wie die übrigen mit echt sozialdemokratischem Gifte in die Welt ausgestoßenen Verdächtigungen lauten, auf Wahrheit beruhen, oder ob das, was die Arbeiter bei ihrer Arbeitseinstellung anstrebten, die Verbesserung ihrer materiellen Lage, nicht auch ohne eine solche gefährliche und zweischneidige Maßregel, wie es ein Streik ist, erreicht werden konnte und ob es deshalb nicht geradezu frivol war, zu diesem bedenklichen Mittel zu greifen.

Sieht man sich die Forderungen der Bergarbeiter an, deren Erzwingung der Ausstand sich zum Ziel gesetzt hatte, so überzeugt man sich bald, daß dieselben im Grunde auf die einzige der Erhöhung der Löhne hinauslaufen. Was die sonstigen Mißstände anbetrifft, deren Beseitigung verlangt wurde, die angeblich beim Nullen der Kohlenwagen geübten Ungerechtigkeiten, den Mangel an verdeckten Gängen zwischen Schacht und Kaue, die Berechnung der Ausgaben für Oel und Gezähe und anderes, so sind die in dieser Beziehung erhobenen Beschwerden sehr bald in den Hintergrund getreten, der beste Beweis dafür, daß es sich hierbei um keineswegs allgemein empfundene Unzuträglichkeiten handelte und daß sich aus denselben der Beweis von der Behauptung eines „Notstandes" nicht her= leiten ließ.

Die Forderungen der Ausständigen konzentrierten sich sehr bald auf folgende drei Punkte: 1. Erhöhung der Löhne, 2. Abkürzung der Schichtzeit und 3. Beseitigung bezw. Einschränkung der Ueberschichten.

Es leuchtet ein, daß die zweite und dritte Forderung nur zu dem Zwecke erhoben wurde, mittelbar der in der ersten Forderung beanspruchten Erhöhung der Löhne eine weitere Ausdehnung zu geben Wenn das Verlangen nach einer Abkürzung der Arbeitszeit erhoben wurde, so geschah dies offenbar nicht in der Absicht, daß nun mit derselben und der damit verbundenen Arbeitsleistung auch eine entsprechende Verkürzung des Lohnes verbunden sein solle, sondern vielmehr in der Voraussetzung, daß für die Minderleistung an Arbeit der Lohn in der bisherigen Höhe zu leisten sei. Es kam also auch diese Forderung darauf hinaus, eine weitere Erhöhung der Löhne durchzusetzen.

Nicht anders verhält es sich im Grunde mit der Forderung der Beseitigung der Ueberschichten. Allerdings suchte man dieses Verlangen in das Gewand zu kleiden, daß man so der willkürlichen und mißbräuchlichen „Ausbeutung der Arbeitskraft" ein Ende machen wolle, aber schon in den Arbeiterversammlungen wurde es offen ausgesprochen, daß es dabei in Wirklichkeit auf eine Einschränkung der Produktion und damit auf eine Erhöhung der Kohlenpreise abgesehen sei, die alsdann gleichfalls zu einer weiteren Steigerung der Löhne führen müsse.

Somit lassen sich die Forderungen der Arbeiter, von einzelnen Wünschen und Fragen untergeordneter Art abgesehen, in die Eine zusammenfassen: Erhöhung der Löhne!

In einem eigenthümlichen Lichte erscheint, wie schon oben bemerkt, unter diesen Umständen die zudem mit der tausendmal wiederholten Behauptung von den „Hungerlöhnen" in grellem Widerspruch stehende Aeußerung der Abordnung der Bergarbeiter vor Seiner Majestät dem Kaiser: „Auf die Lohnerhöhung legen wir nicht Werth", und der Vorstand des Vereins für die bergbaulichen Interessen konnte mit Recht in seiner zweiten Erklärung vom 18. Mai sagen: „In der Lohnerhöhung lag und liegt der Kernpunkt der Wünsche der Arbeiter, dessen Werth man erst nach dessen Erledigung durch unseren Beschluß vom 11. Mai abzuschwächen versuchte."

Ist es somit der Ruf nach höheren Löhne gewesen, welcher die nächste Veranlassung zu dem großen Ausstande bot und ihm sein Gepräge aufgedrückt hat, so wird es bei der Beantwortung der Frage, ob und inwieweit der Ausstand eine Berechtigung hatte, ob er durch die Verhältnisse bedingt und darum unvermeidlich geworden war, vor allem darauf ankommen, festzustellen, ob der Verdienst der Arbeiter mit den Bedürfnissen ihres Unterhaltes wirklich in so schreiendem Mißverhältniß stand, daß die Zustände sich zu unerträglichen gestaltet hatten, wie man zu Anfang des Ausstandes glauben zu machen suchte, oder ob die ganze Bewegung in Wahrheit keinen anderen Zweck hatte, als denjenigen anderer Arbeitseinstellungen in anderen Gewerbszweigen, nämlich den, eine Verbesserung der materiellen Lage herbeizuführen, weil man eben Zeit und Gelegenheit zur Erreichung eines solchen Zieles für günstig erachtete.

Es giebt schon heute wohl, selbst mit Einschluß der christlich-sozialen Presse, Niemanden mehr, der den Muth hätte, den eben beendigten Ausstand als einen „Verzweiflungskampf der Elenden und Unterdrückten gegen das Kapital und gegen die herzlosen Grubenverwaltungen" hinzustellen. Von einem Nothstande in unserem Industriebezirke und insbesondere unter den Bergarbeitern zu reden, wäre geradezu vermessen und frevelhaft, und die Anfangs dahin gerichteten Versuche sind denn auch sehr bald aufgegeben worden, weil man sich der damit verbundenen Lächerlichkeit bewußt wurde.

Wir bestreiten aber auch, daß ein solcher Nothstand in der **Vergangenheit** bestanden hat.

Die Zeit des tiefen wirthschaftlichen Nieberganges vom Jahre 1873 bis 1887 hat kaum auf einem Gewerbszweige unseres Vaterlandes so schwer gelastet und kaum anderswo so tiefe Wunden geschlagen, als bei dem westfälischen Steinkohlenbergbau. Wir werden das im weiteren Verlauf unserer Darlegung an der Hand von Thatsachen beweisen. Von dieser erschreckenden wirthschaftlichen Krisis ist gleichwohl der Bergarbeiterstand in verhältnißmäßig geringem Grade betroffen worden, wie man sich aus jeder Lohnliste jener Jahre überzeugen kann. Trotz der andauernd ungünstigen Geschäftslage stiegen sogar die Durchschnittsnettolöhne (also nach Abzug aller für Oel u. s. w. nöthigen Ausgaben) für **sämmtliche** Arbeiterkategorien (also mit Einschluß der Pferdejungen u. s. w.) in den Jahren von 1879 bis 1885 nach den amtlichen Erhebungen von 2,38 ℳ. auf 2,66 ℳ. Es geschah das in einer Zeit, in welcher die Preise für die Kohlen auf einen Stand heruntersanken, den man bis dahin für unmöglich erachtet hatte.

Es bestätigte sich eben in diesen Vorgängen beim westfälischen Bergbau die Beobachtung, welche man überhaupt während des wirthschaftlichen Nieberganges des letzten und vorletzten Jahrzehntes gemacht hat und die seitdem von der Wissenschaft an der Hand von Zahlen im Einzelnen nachgewiesen ist, daß zwar die Preise der Waaren, insbesondere derjenigen, welche auf maschinellem Wege leicht in Massen herzustellen sind, in jener Zeit einen geradezu bis dahin unerhörten Rückgang erfuhren, daß dagegen zu derselben Zeit die Vergütungen in Geld für persönlich geleistete Dienstleistungen jeder Art eher eine Tendenz zum Steigen, als zum Sinken behalten haben. Es trifft beim westfälischen Bergbau vollständig das zu, was von jener Zeit des Niederganges im Allgemeinen gilt und als Erfahrungssatz von einem unserer ersten Volkswirthschaftslehrer nachgewiesen ist, daß bei anhaltendem und empfindlichem Sinken der Waarenpreise fast durchweg die Unternehmer und das Kapital, nicht die Arbeiter, es gewesen sind, welche den Ausfall zu tragen hatten. Gerade in den Jahren von 1879 bis 1885 gingen gleichzeitig mit der Erhöhung der Löhne die Preise der Kohlen im Allgemeinen um volle 11 Prozent herunter; der Rückgang bei der westfälischen Kohle war wahrscheinlich ein noch größerer.

Diese wenigen Bemerkungen mögen genügen, um darzuthun, was von der in den Bergarbeiterversammlungen und in der Presse bis zum Ueberdruß wiederholten Behauptung, die Bergarbeiter haben während der schlechten Geschäftsjahre in Hunger und Elend geschmachtet, zu halten ist.

Die Behauptung von der Nothlage des westfälischen Bergarbeiterstandes muß überhaupt von vorn herein auf jeden einen eigenthümlichen und überraschenden Eindruck machen, der sich in dem niederrheinisch-westfälischen Industriebezirke umsieht und von den darin herrschenden Zuständen nähere Kenntniß nimmt.

Die blühenden Ortschaften, die größern und kleinern Städte, Dörfer, Bauerschaften und Einzelgehöfte, mit denen das Land auf weite Strecken hin geradezu übersäet ist, der bunte Wechsel unzähliger gewerblicher Anlagen, von Zechen, Hüttenwerken, Maschinenfabriken, Koksanstalten u. s. w., mit öffentlichen Gebäuden, schmucken Kirchen, Schulen, Rathhäusern, mit den fruchtbarsten Garten- und Ackerflächen, die Schaaren von Menschen, welche an Sonn- und Festtagen auf den Straßen dahin ziehen, reinlich und anständig gekleidet bis zu den Kindern der Aermsten hinab, die ununterbrochene Reihe von Festlichkeiten patriotischer, kirchlich-religiöser oder geselliger Natur, von Vereinen der mannigfaltigsten Art veranstaltet, auf denen das regste, fröhlichste Leben herrscht: alles das und vieles andere macht nicht den Eindruck, daß hier eine Bevölkerung wohnt, die darbend und hungernd um ihre Existenz ringt, wohl aber weist es darauf hin, daß hier alle Bedingungen gegeben sind, um einer Familie bei bescheidenen Ansprüchen ein sehr wohl erträgliches Dasein zu gewähren.

Daß dem so ist und daß dem fleißigen und sparsamen Arbeiter hier auch zu weiterem Fortkommen die Wege nicht verschlossen sind, dafür giebt es der Anzeichen und Beweise genug. Wir wollen hier nur ein Beispiel statt vieler hervorheben, welches schon während des Streiks den aller thatsächlichen Unterlagen entbehrenden Nothstandsschilderungen entgegengehalten wurde. Es betrifft die **Benutzung der Sparkassen durch die Bergarbeiter.**

Eine werthvolle Zusammenstellung liegt uns in dieser Beziehung von der Sparkasse in Bochum vor. Gerade die Bergarbeiter sind es dort, welche sich in hervorragender Weise an den Spareinlagen betheiligt haben. Im Jahre 1875 hatten dort 1103 Bergleute im Ganzen 937 313 ℳ. eingelegt; entsprechend dem wirthschaftlichen Niedergange fand dann bis zum Jahre 1879 ein Rückgang statt. Im letztgedachten Jahre steigt dann wieder die Zahl der an den Einlagen betheiligten Bergarbeiter auf 1110 und die Summe ihrer Einlagen auf 1 093 368 ℳ. (518 206 ℳ. mehr als im Vorjahr).

Im Jahre 1880 waren vorhanden 1125 Bergarbeiter mit 1 065 486 ℳ.
„   „   1881   „   „   1131   „   „   1 063 797 „
„   „   1882   „   „   1151   „   „   1 038 972 „
„   „   1883   „   „   1349   „   „   1 373 415 „
„   „   1884   „   „   1423   „   „   1 349 309 „
„   „   1885   „   „   1501   „   „   1 365 967 „
„   „   1886   „   „   1510   „   „   1 446 847 „
„   „   1887   „   „   1497   „   „   1 425 058 „
„   „   1888   „   „   1561   „   „   1 534 423 „

In dem laufenden Jahre 1889 sind in der Zeit vom 1. Januar bis zum 23. Mai von 606 Bergarbeitern 83 841 ℳ. neue Einlagen gemacht worden; in der Zeit des Ausstandes (vom 1. bis zum 23. Mai) allein 13 080 ℳ.[*]

Aus Dortmund wird ähnlich berichtet, daß die Einlagen der Berg- und Hüttenarbeiter bei der dortigen Sparkasse 2 132 049 ℳ. betragen, 10 pCt. der Gesamteinlagen im Betrage von 21 358 861 ℳ. Die Zahl der gedachten Einleger beläuft sich auf 2084.

Für die übrigen zahlreichen Sparkassen des Bezirkes stehen uns zur Zeit die Zahlen nicht zur Verfügung; wir zweifeln aber keinen Augenblick, daß die Verhältnisse auch bei diesen ähnliche sein werden, wie in Bochum und Dortmund.

Mit diesen allgemeinen, die Lage der niederrheinisch-westfälischen Industriearbeiter beleuchtenden Bemerkungen mag es genug sein,

---
[*] Mitgetheilt in der Sitzung der Stadtverordneten zu Bochum am 13. Mai 1889.

obgleich es nicht schwer fallen würde, dieselben nach verschiedenen Richtungen hin zu ergänzen. Wer von vornherein die Lichtseiten des Bildes nicht sehen will und das tendenzlose Bestreben hat, die Schattenseiten hervorzukehren und in phantastischer Weise auszumalen, wie es namentlich von der klerikalen Presse mit seltener Konsequenz geschehen ist, dem ist überhaupt mit solchen Darlegungen allgemeinerer Natur nicht beizukommen.

Auch uns fällt es nicht ein zu behaupten, daß die Zustände in unserem Bergwerksbezirke nach allen Richtungen durchaus zufriedenstellende seien und nichts zu wünschen übrig ließen; was wir aber behaupten und weiter an der Hand von Thatsachen und Zahlen zu beweisen gedenken, das ist, daß diese Zustände mindestens so befriedigende und vielfach weit befriedigendere waren und sind, als in tausend anderen Gewerbszweigen, und daß darum kein Grund vorlag, zu einer Gewaltmaßregel zu greifen, wie es der allgemeine Ausstand war. Unter den Werken, deren Belegschaften die Arbeit niederlegten, befanden sich solche, deren Unternehmer auf dem Gebiete der Wohlfahrtseinrichtungen für ihre Arbeiter geradezu Mustergültiges geschaffen haben und die von den verschiedensten Parteien als nachahmungswürdige Vorbilder für sämmtliche Arbeitgeber hingestellt werden.

Der deutsche Bergbau kann sich überhaupt rühmen, schon seit einem Jahrhundert und länger im Besitze derjenigen Institutionen gewesen zu sein, welche für die übrige Industrie erst durch die sozialpolitische Gesetzgebung der letzten Zeit geschaffen worden sind.

Während des Arbeiterausstandes ist mit den Zahlenangaben über die Höhe der Löhne in einer Weise umgesprungen, daß man hätte seine helle Freude darüber haben mögen, wenn die Sache nicht so bitter ernst gewesen wäre. Auf ihren Werth wurden dieselben nicht weiter geprüft, und nicht nur die klerikalen Hetzblätter, sondern auch Zeitungen, denen man in derartigen schwierigen wirthschaftlichen Fragen mehr Ernst und ein größeres Maß von Objektivität hätte zutrauen sollen, entwickelten dabei oft eine geradezu staunenswerthe Unkunde oder Naivetät. Forderungen, wie diejenige der Erhöhung der Löhne um 15 oder gar um 20 oder 25pCt., wurden ohne weitere Prüfung ihrer Tragweite als „berechtigt" hingenommen und es dabei von vornherein als selbstverständlich erachtet, daß die bis dahin gezahlten Löhne, wenn sie auch vielleicht nicht geradezu als „Hungerlöhne" zu bezeichnen seien, doch hinter den bescheidensten Ansprüchen zurückständen. Dabei wurden mit blindem Eifer eine

Anzahl zur Auszahlung gelangter Löhne veröffentlicht, die hinter den Durchschnittssätzen mehr oder weniger zurückgeblieben waren, wie das immer der Fall sein wird, wenn ein Arbeiter durch Krankheit in seiner Arbeit unterbrochen wird oder aus Arbeitsscheu oder anderen Gründen einen Ausfall in seinen Schichten herbeiführt.

Zunächst hätte es doch die Pflicht eines jeden, der über die einschlägigen Verhältnisse mitzureden das Bedürfniß fühlte, sein müssen, sich zu vergewissern, ob die Löhne der Bergarbeiter eine Ausnahmestellung in dem Wirthschaftsbetriebe einnehmen und in einem Mißverhältniß zu den Lohnverhältnissen anderer Berufsarten stehen. Er würde sich bald überzeugt haben, daß die Löhne der westfälischen Bergarbeiter, wie sie bei Beginn des Ausstandes gezahlt wurden, nicht bloß denjenigen anderer Arbeiterkategorien in demselben Bezirke gleichkamen, sondern daß sie dieselben zum Theil erheblich überschritten.

Wir greifen aus den letzteren die Löhne der im Eisenbahndienst beschäftigten Arbeiter heraus. Daß bei einem Staatsbetriebe, wie es die Verwaltung der Eisenbahnen ist, die Frage der Besoldung der Beamten und Arbeiter ganz anders behandelt werden kann und muß, als bei einer freien Erwerbsgenossenschaft, liegt auf der Hand; die Staatsbahnverwaltung kann sich ebensowenig bei der Feststellung der Löhne für ihre Arbeiter, wie bei der Normirung der Transportgebühren rein von fiskalischen Rücksichten leiten lassen, und von einer Ausbeutung der Arbeitskraft durch das Kapital kann also bei ihr nicht die Rede sein. Trotz dieser grundverschiedenen Stellung zahlt die Bahnverwaltung in demselben niederrheinisch-westfälischen Industriebezirke an ihre Arbeiter Löhne, die erheblich hinter denjenigen zurückbleiben, die von der Industrie gezahlt werden.

Einige Zahlen werden dies darthun. Wir bemerken zu denselben im voraus, daß der angegebene Lohn sich auf eine 12stündige Arbeitszeit bezieht, daß aber andererseits der Lohn auch für den Sonntag gezahlt wird, während er bekanntlich beim Berg- und Hüttenmann für diesen Tag ausfällt.

Im Jahre 1888 stellten sich inmitten des Industriebezirkes (nicht in den weiter entlegenen Gegenden der rheinischen Eisenbahn-Direktionsbezirke, wo der Arbeitslohn selbstverständlich vielfach weit niedriger steht) die Taglöhne bei nachstehenden Arbeiterkategorien wie folgt:

Streckenarbeiter . . . 2,81 ℳ. (2,70 bis 3,20)
Magazinarbeiter . . . 2,13 „
Wagenputzer . . . . 1,89 „

Maschinenputzer . . . 2,30 ℳ. (1,80 bis 2,40)
Bahnhofsarbeiter . . . 2,03 „ (1,25 bis 2,40)
Kohlenlader . . . . . 2,74 „ (2,30 bis 3,00)
Rangirarbeiter . . . . 2,41 „ (2,30 bis 2,70)
Hülfswächter . . . . 1,91 „
Hülfsmaschinenwärter . 2,76 „
Hülfsbremser . . . . 1,97 „ (1,80 bis 2,00)
Hülfsweichensteller . . 2,52 „

Stellen wir daneben die Löhne der Bergarbeiter! Im Jahre 1888 wurden auf den westfälischen Steinkohlenbergwerken insgesammt in runder Summe 94 Millionen Mark an Gehältern und Löhnen gezahlt. Von dieser Summe entfielen auf die Gehälter für 4086 Beamte, Aufseher u. s. w. 5 691 000 ℳ. oder 1395 ℳ. auf den Kopf. Die übrige Summe von 88 210 000 ℳ. bildete den Lohn für 102 195 Arbeiter. Jeder Arbeiter bezog somit in 1888 einen durchschnittlichen Jahreslohn von 864 ℳ.

Auf die einzelnen Arbeiter-Kategorien vertheilten sich diese Löhne wie folgt:

1. Kohlen- und Gesteinshauer und die mit ihnen im Gedinge arbeitenden Lehrhauer und Schlepper, 65 pCt. der gesammten Belegschaft. Durchschnittlicher Jahresverdienst . . . . 934 ℳ.
2. Die anderen Arbeiter unter Tage, 17 pCt. der Belegschaft. Durchschnittlicher Jahresverdienst . 762 „
3. Arbeiter über Tage, 17 pCt. der Belegschaft. Durchschnittlicher Jahresverdienst . . . . 796 „
4. Jugendliche Arbeiter (unter 16 Jahren), 4 pCt. der Belegschaft. Durchschnittlicher Jahresverdienst 306 „

Nach dieser auf amtlichen Erhebungen beruhenden Zusammenstellung verdienten 96 pCt. der gesammten Belegschaft der westfälischen Steinkohlengruben im Durchschnitt über 2,50 ℳ. für den Arbeitstag, die große Mehrheit der Arbeiter aber erheblich mehr.*)

---

*) Nach einer vom Ministerium der öffentlichen Arbeiten bearbeiteten und in der Ausstellung für Unfallverhütung niedergelegten Zusammenstellung betrug der Jahresverdienst eines beim preußischen Steinkohlenbergbau beschäftigten Arbeiters in den Jahren 1886—1888:

		1886	1887	1888	prozentuale Erhöhung
		ℳ.	ℳ.	ℳ.	seit 1886
1.	In Oberschlesien . . .	490	492	516	5,3
2.	„ Niederschlesien . .	586	626	636	7,5
3.	„ Halle (Braunkohlen)	676	628	653	3,4
4.	„ Westfalen	772	796	863	11,8
5.	„ Saarbrücken . . .	809	814	842	4,0

Mit dem oben angegebenen durchschnittlichen Jahresverdienst von 864 ℳ. auf den Kopf der Belegschaft stimmen die von der Knappschaftsberufsgenossenschaft für das Jahr 1888 ermittelten Löhne nicht überein, vielmehr betrug der durchschnittliche Jahresverdienst nach diesen Ermittelungen 910 ℳ. Der Unterschied zwischen beiden Beträgen erklärt sich dadurch, daß in der Statistik der Berufsgenossenschaft, nicht mit Unrecht, die von den Werksbesitzern für die Arbeiter zu den Kranken= und Knappschaftskassen geleisteten Beiträge mit eingerechnet sind.

Aus der Vergleichung vorstehender Zahlen über die beim Bergbau und bei dem Eisenbahnbetriebe gezahlten Löhne geht in unwiderleglicher Weise hervor, daß die Staatsbahnverwaltung in Bezug auf die Besoldung ihrer Leute hinter der Industrie und insbesondere auch hinter dem Bergbau erheblich zurückbleibt. Die Staatsbahn=Verwaltung kann es aber auch, weil sie nicht von dem Wechsel der jeweiligen Geschäftslage so abhängig ist, wie die freien Erwerbsgesellschaften, die in Zeiten gesteigerter Nachfrage genöthigt sind, die Arbeitskräfte durch die Steigerung der Löhne heranzuziehen und so Schwankungen in den Lohnsätzen herbeizuführen, von denen der Staatsbetrieb mehr oder weniger unberührt bleibt.

Was den staatlichen Wirthschaftsbetrieb anbetrifft, so könnten wir eine Reihe weiterer Vergleichungen anstellen, welche zu ähnlichen Ergebnissen führen würden, wie die oben über die Eisenbahn=Verwaltung gemachten Angaben. Wir beschränken uns darauf, auf die von der Regierung bei dem Bau des Nordostseekanals getroffenen Veranstaltungen hinzuweisen, bei denen, wie wiederholt in der Presse hervorgehoben ist, die Reichsregierung mit ganz besonderer Fürsorge für die Arbeiter vorgegangen ist. Der Tageslohn, der bei diesem Bau gezahlt wird, bewegt sich zwischen 2,50 und 3 ℳ., bei elf= oder zwölfstündiger Arbeitszeit, ein Satz, neben dem die im westfälischen Bergbaubezirk geleisteten Arbeitslöhne gleichfalls den Vergleich nicht zu scheuen brauchen.

In nicht weniger günstigem Lichte erscheinen die Lohnverhältnisse auf den westfälischen Werken, wenn man sie mit denjenigen der übrigen Bergbaubezirke des preußischen Staates zusammenhält. Es ergiebt sich aus einer solchen Zusammenstellung, daß der durchschnittliche jährliche Nettolohn des westfälischen Arbeiters sich erheblich höher stellt, als derjenige der meisten übrigen Steinkohlen= und Braunkohlenbezirke, und daß er wesentlich nur zurückbleibt hinter demjenigen der Salzbergwerke im Oberbergamtsbezirk Halle.

Auf Grund einer im Jahre 1887 getroffenen ministeriellen Anordnung haben für das gedachte Jahr zum ersten Male lohnstatistische Erhebungen stattgefunden, die für sämmtliche Bergbaubezirke auf einheitlicher Grundlage beruhen. Durchgängig ist nur der wirklich verdiente Arbeitslohn nach Abzug der Knappschafts- und Krankenkassen-Beiträge, sowie sämmtlicher aus der Arbeit erwachsenden Unkosten (Oel, Gezähe u. s. w.) zur Berechnung gelangt. Es hat sich alsdann für das Kalenderjahr 1887 ergeben:

	auf je 1 verfahrene Schicht	Jahreslohn
Oberschlesien	1,82 ℳ.	492 ℳ.
Niederschlesien	2,14 „	626 „
Halle (Braunkohlen) . .	2,13 „	628 „
„ (Kupfer) . . .	2,42 „	700 „
„ (Salz) . . .	3,00 „	920 „
Oberharz	1,98 „	588 „
Dortmund	2,57 „	796 „
Saarbrücken	2,87 „	814 „

Im Dortmunder Bezirk war im Jahre 1888, wie bereits oben bemerkt, der durchschnittliche Jahreslohn schon von 796 ℳ. auf 864 ℳ. gestiegen.

Die wirthschaftlichen Beihülfen, welche die Grubenverwaltungen in Gestalt von Freikohlen, Wohnungen, Konsumanstalten u. s. w. gewähren, sind in obigen Zahlen selbstverständlich außer Berücksichtigung geblieben. An denselben fehlt es indeß in Westfalen so wenig, wie in den übrigen Bezirken, und so ist nicht anzunehmen, daß das Endergebniß bei einer Vergleichung der verschiedenen Bezirke unter Hinzurechnung dieser besonderen Vergünstigungen sich als ein für Westfalen wesentlich ungünstigeres herausstellen sollte.

Wohl aber muß das Urtheil über die Lohnverhältnisse noch mehr zu Gunsten Westfalens ausfallen, wenn die Dauer der Schichtzeit mit in Rechnung gezogen wird. Wir haben schon früher darauf hingewiesen, daß jede Verkürzung der Arbeitszeit, so lange sie nicht zugleich eine entsprechende Verkürzung des Lohnes in sich schließt, für den Arbeitgeber einer Erhöhung des Lohnes gleichkommt. Würde der westfälische Bergarbeiter für eine zwölfstündige Schicht, wie sie in Oberschlesien üblich ist, nach demselben Verhältniß bezahlt, wie es für seine (mit Einschluß der Ein- und Ausfahrt) 9stündige Schichtzeit der Fall ist, so würde sein Lohn sich um 25 pCt. höher stellen, also im Durchschnitt 3,43 ℳ. anstatt 2,57 ℳ. betragen.

Darnach hat man die Zeitdauer einer Schicht zu beurtheilen. Dieselbe beträgt für die unter Tage beschäftigte Mannschaft einschließlich der Ein= und Ausfahrt beim:

1. Steinkohlenbergbau in Oberschlesien . . 12 Stunden
2. „ „ „ Niederschlesien . . 10 „
3. Braunkohlenbergbau im Oberbergamtsbezirk Halle . . . . $11^3/_4$ „
4. Kupferschieferbergbau ebendort . . . . $8^3/_4$ „
5. Steinsalzbergbau ebendort . . . . . $8^1/_2$ „
6. Erzbergbau im Oberharz . . . . . . $10^3/_4$ „
7. Steinkohlenbergbau im Oberbergamtsbezirk Dortmund . . . . 9 „
8. Steinkohlenbergbau in Saarbrücken . . 10 „

Wenige Tage nach Beendigung des Ausstandes erschien eine Kundgebung des Königlichen Oberbergamtes zu Dort= mund, welche diese Behörde in Erwiderung auf verschiedene gegen sie gerichtete Angriffe der „Kreuzzeitung" veröffentlichte und welche die vorstehende Darlegung vollauf bestätigte.

Dieselbe lautete:

„Die Kreuz=Zeitung spricht in einem Artikel der Nr. 226 vom 16. Mai cr. ihre lebhafte Mißbilligung darüber aus, daß „der Bergbehörde die mißliche Lage der Arbeiter in Westfalen ganz entgangen sein müsse, da sonst die Bewegung nicht leicht einen solchen Umfang habe nehmen können, daß insbesondere die Zulassung der Ueberschichten auf sehr engherzige Auffassung der betreffenden Gesetzesstellen zurückzuführen sei, sowie daß aus den Zeitungen nichts über die wünschenswerthe vermittelnde Thätigkeit des Oberbergamts und der Revierbeamten zu erkennen gewesen sei". Es bedarf das der Richtigstellung und zwar in erster Linie dahin, daß eine mißliche Lage der west= fälischen Bergarbeiter im Sinne der Kreuzzeitung nicht bestanden hat und in Folge dessen auch nicht hat ent= gehen können. Wo das Hauerschichtlohn zwischen 3 und 4 ℳ. schwankt, das in Unfall=Angelegenheiten anrechnungspflichtige Jahreseinkommen eines westfälischen Bergarbeiters über 900 ℳ. beträgt und die auf 8 Stunden (ausschließlich Ein= und Aus= fahrt) normirte Schichtzeit kürzer ist als in allen anderen Steinkohlendistrikten, da kann von mißlicher Lage der Arbeiter nicht die Rede sein. Nach der Art und Weise, wie sich die Sache entwickelt hat, zweifelt Niemand mehr daran, daß die

Bewegung nicht eine Lohnfrage und nicht das Bestreben war, eine bestehende mißliche Lage zu verbessern, vielmehr von außen hinein getragen wurde. Auch die Anführung, daß die Bergbehörde sich bezüglich der sogenannten Ueberschichten einer zu engherzigen Auffassung der bezüglichen Bestimmungen des Berggesetzes hingegeben habe, muß als nicht zutreffend bezeichnet werden. Die Kreuzzeitung giebt ja zu, daß nur dann ein Grund zum Einschreiten vorhanden, wenn die Ueberschichten in einem die Gesundheit der Arbeiter nachtheilig beeinflussenden Maße Platz greifen sollten, ein solches Maß aber ist selbst in der neuesten Zeit — in welcher verhältnißmäßig viele Ueberschichten verfahren wurden — bei weitem nicht erreicht worden und in keinem einzigen Falle zur Kenntniß der Behörde gelangt. Bergpolizeilich ist gesorgt, daß jedem Bergmann, der nicht beabsichtigt, eine etwa angeordnete Ueberschicht mitzumachen, am Ende der ordentlichen achtstündigen Schicht (bei Arbeitspunkten, in welchen erhöhte Temperaturen herrschen, ist die Schichtzeit bergpolizeilich kürzer normirt) die Seilfahrtseinrichtung zur Disposition gestellt wird. Es dürfte an dieser Stelle angezeigt erscheinen, beiläufig ein Wort darüber zu verlieren, daß, wenn von einer Ueberschicht die Rede ist, nicht etwa — wie es mehrfach zu geschehen scheint — der Zusatz einer vollen Schicht zu der ordentlichen achtstündigen Schicht zu verstehen ist. In Wirklichkeit bezeichnet man mit dem in Rede stehenden Worte die Verlängerung der achtstündigen Arbeitszeit um 1 bis 2 oder höchstens 4 Stunden; und ist das eine Einrichtung, die auch im allgemeinen öffentlichen Interesse ihre nicht zu unterschätzende Bedeutung hat. Wenn die Nachfrage nach Kohlen im Winter — wo dieselbe viel größer ist als im Sommer — befriedigt werden soll, so müssen dazu entweder mehr Arbeiter als im Sommer angenommen oder die Arbeitszeit der vorhandenen Arbeiter zeitweilig verlängert werden. Sollte der erstere Fall Platz greifen, so würde das im Winter erforderliche Plus von Arbeitern im Sommer jedenfalls brotlos werden und möchte das doch — da es sich um sehr große Arbeiterzahlen handelt — sehr gewichtige Bedenken haben. Man kann deshalb die fragliche Einrichtung nicht ohne weiteres über Bord werfen und braucht das auch nicht, da in der That die große Mehrzahl der Arbeiter Ueberschichten verfahren will und beispielsweise bei der in den letzten

Tagen sich vollziehenden Wiederaufnahme des Grubenbetriebs in zahlreichen Fällen die erste Forderung der wiederanfahrenden Belegschaften auf Einlegung von Ueberschichten lautete! Nur dem Mißbrauche der Einrichtung müßte gesteuert werden. Ein solcher hat aber bisher nicht vorgelegen. Was den letzten Punkt angeht, so hat die Kreuzzeitung ganz recht, daß während der ganzen Dauer der Arbeiterbewegung die Bergbehörden in der Tagespresse wenig oder gar nicht genannt worden sind. Es möchte aber doch ein Irrthum sein, daraus zu schließen, daß diese Behörden unterdessen die Hände in den Schoß gelegt hätten. Dieselben haben im Gegentheil während der ganzen Dauer der Bewegung eine sehr lebhafte, zum Theil auch auf thunlichste Vermittlung zwischen den Parteien gerichtete Thätigkeit entwickelt und entwickeln müssen. In der Natur solchen Thuns liegt es aber — und das sollte doch nicht überraschen —, daß dasselbe wenig oder gar nicht in die Oeffentlichkeit tritt."

Man hätte meinen sollen, ein solches Urtheil von solcher Seite her hätte in allen nicht von Parteileidenschaft verblendeten Kreisen über die angebliche Nothlage des westfälischen Bergarbeiterstandes Anerkennung finden müssen. Das Königliche Oberbergamt ist in der vorliegenden Frage die zuständigste Behörde, die man überhaupt denken kann; sein Ausspruch stützt sich auf die amtlichen Erhebungen, die es jahraus jahrein auf Grund des Allgemeinen preußischen Berggesetzes anstellt, und als es jene Entgegnung niederschrieb, da lagen ihr bereits die Erhebungen für das 1. Vierteljahr 1889, also für die der Arbeitseinstellung unmittelbar vorhergehende Zeit, vor und waren aller Wahrscheinlichkeit nach auch bereits zum rechnungsmäßigen Abschluß gebracht. Daß man es bei der gedachten Bergbehörde zugleich mit einem unparteiischen Forum zu thun hat, müßten die Gegner selbst anerkennen, wenn es ihnen um die Feststellung der Wahrheit zu thun wäre, denn sie sind es gewesen, welche während des Streikes wiederholt nach der Bergbehörde gerufen haben, offenbar doch nur deshalb, weil sie in derselben eine zur Schlichtung des Streikes geeignete Instanz erblickten.

Aber gerade das Gegentheil trat ein, die Zuständigkeit der Behörde wurde geradezu bestritten oder doch verdunkelt. Von vielen Zeitungen wurde die amtliche Kundgebung den Lesern geradezu vorenthalten. Selbst ein Blatt wie die Kölnische Zeitung konnte sich nur bei dem Abdruck zu der Bemerkung bequemen, daß ihr die gedachte Erklärung „von betheiligter Seite" zugegangen sei.

Man hat es bedauert, daß das Königliche Oberbergamt erst in letzter Stunde gesprochen habe, und auch wir hätten es gern gesehen, wenn die Erklärung früher abgegeben wäre. Geändert hätte aber auch sie freilich nichts an dem Verlauf, den die Dinge genommen haben.

Wir könnten die Vergleichung des Arbeitslohnes der westfälischen Bergarbeiter mit demjenigen anderer Gewerbszweige noch weiter ausdehnen und würden dabei zu ähnlichen und noch drastischeren Ergebnissen kommen, als bei dem staatlichen Wirthschaftsbetriebe. Namentlich würden ganz wunderbare Vorkommnisse zu Tage treten, wenn wir einer Untersuchung der Lage der Lohnarbeiter der Landwirthschaft in den östlichen Provinzen näher treten wollten, und es muß wirklich Staunen erregen, daß es gerade die „Kreuzzeitung", der doch die landwirthschaftlichen Verhältnisse des Ostens ganz besonders am Herzen liegen, ist, die sich der „Nothlage" der Bergarbeiter mit besonderer Wärme angenommen hat, während es doch für das junkerliche Organ weit näher liegen müßte, zunächst sich in Betreff dieser Dinge im eigenen Lager näher umzusehen. Haben sich die Kreuzzeitung und ihre Freunde schon mal ernstlich die Frage vorgelegt, woher es kommt, daß der Mangel an Arbeitskräften in der Landwirthschaft der östlichen Provinzen immer größer wird und daß die dortige arbeitende Bevölkerung sich mit wachsender Vorliebe dem industriellen Westen zuwendet, wo die materielle Existenz der Arbeiter nach den Versicherungen des Blattes eine so überaus mißliche ist?

Wir sehen aber von einer weiteren Verfolgung der Frage nach dieser Richtung hin ab. Dagegen halten wir es für angezeigt, um unsere Leser in den Stand zu setzen, ein möglichst unparteiisches Urtheil zu gewinnen, sie einen Blick in den Haushalt einzelner Zechen thun zu lassen. Sie werden daraus ersehen, wie sich jene Durchschnittslohnsätze, die wir oben aufführten, im besonderen auf diesem und jenem Werke gestaltet haben.

Aus den Beispielen, die wir anführen werden, wird sich sofort zugleich ergeben, wie unverständig die von den Streikenden erhobene Forderung einer gleichmäßigen prozentualen Erhöhung der Löhne um 15 oder 20 pSt. war, und wie richtig es war, wenn der Vorstand des Vereins für die bergbaulichen Interessen in seiner Erklärung vom 11. Mai es geradezu als „unmöglich" und widersinnig" bezeichnete, eine allgemeine Lohnerhöhung in bestimmter prozentualer Höhe für den Bergarbeiter vorzunehmen. Die Festsetzung der sogenannten „Gedinge" — und mit diesen arbeitet der weitaus größere Theil der Belegschaft — kann stets nur durch besondere Abmachungen zwischen Grubenverwaltung und Arbeiter auf dem Wege des Akkords erfolgen, und die Höhe des Gedinges ist dabei von so vielen Umständen im Einzelnen abhängig, daß dieselbe in schablonenhafter Art gar nicht vorzunehmen ist. Auch stand es schon vor Beginn des Ausstandes fest, daß gerade die Gedinge unter dem Einflusse der verbesserten Geschäftslage vielfach bereits eine Aufbesserung erfahren hatten, die allen billigen Ansprüchen entsprach und wenigstens einer wesentlichen weiteren Steigerung nicht bedurfte, während andererseits die Schichtlöhne der veränderten Konjunktur nicht überall in demselben Maße gefolgt waren.

Weiter aber wird man aus den aufgeführten Beispielen ersehen, was man sich freilich auch ohnedies sagen kann, was aber nicht nur von den streikenden Arbeitern, sondern auch von dem größten Theile der Presse außer acht gelassen ist, daß die Erhöhung der Löhne bei jedem Werke ihre ganz bestimmte Grenze hat, über die dasselbe nicht hinausgehen kann, wenn es sich nicht zu Grunde richten will. Bei einer ganzen Reihe von Zechen läßt es sich an der Hand von Zahlen darthun, daß sie ganz außer Stande gewesen wären, den Forderungen der Arbeiter, wie sie gestellt waren, nachzukommen. Gleichwohl waren es wenige Zeitungen, die Anstand nahmen, diese Forderungen als voll „berechtigte" anzuerkennen, und namentlich die christlich-sozialen Blätter verfügten über die Erträgnisse der Werke mit einer Freigebigkeit, mit der selbst ein Sozialdemokrat hätte zufrieden sein können.

1. Gewerkschaft Unser Fritz.

Der durchschnittliche Lohn für alle Arbeiter (einschl. jugendliche Arbeiter) stellte sich nach Abzug der Ausgaben für Pulver und Oel

in 1887 auf 2,17 ℳ.,

„ 1888 „ 3,04 „ also 17 ₰

für Mann und Schicht höher, gleich einer Mehrausgabe an Arbeitslöhnen für das ganze Jahr auf 366 363 Schichten
× 17 ₰ von . . . . 62 282,55 ℳ.
Dagegen hat sich der Durchschnittsverkaufspreis in 1888 gegen 1887 gehoben um 12 ₰ die Tonne, das macht auf den Gesammtversand für 1888 von 352 521 t × 12 ₰ . . . . 42 302,51 „
Mithin stellte sich für 1888 die Mehrausgabe durch die Löhne um 19 980,04 „ höher, als Mehreinnahme für den Verlauf der Kohlen durch die Preissteigerung vorhanden war.

An Durchschnittslöhnen für einfache Schicht nach Abzug von Pulver und Oel wurden erzielt:

a) von den Hauern einschl. Lehrhauern
3,09 ℳ. in 1887,
3,34 „ „ 1888;
b) von den Schleppern, Pferdetreibern und Bremsern
2,19 ℳ. in 1887,
2,23 „ „ 1888.

(Die Schlepper erhielten in der Regel 2,30 ℳ., die Pferdetreiber 1,70 ℳ., die Bremser 1,80 ℳ.)

Der Durchschnittslohn für alle Arbeiter (mit Einschluß der jugendlichen Arbeiter) stellte sich nach Abzug der Ausgaben für Pulver und Oel:
Januar 1889 auf 3,07 ℳ.
Februar 1889 „ 3,12 „
März 1889 „ 3,15 „

2. Gewerkschaft Graf Bismarck.

Gesammtdurchschnittslöhne für 8stündige Schicht:
1887 . . . . . 3,096 ℳ.
1888 . . . . . 3,179 „

Durchschnittslohn der Kohlenhauer für 8stündige Schicht:
1887 . . . . . 3,552 ℳ.
1888 . . . . . 3,696 „

Durchschnittslohn der Schlepper, Bremser, Abnehmer, Bergeversetzer, Pferdetreiber und sonstigen Arbeiter unter Tage für 8stündige Schicht:
1887 . . . . . 2,648 ℳ.
1888 . . . . . 2,701 „

Durchschnittslohn der Tagesarbeiter für 8stündige Schicht:
1887 . . . . . 2,665 ℳ
1888 . . . . . 2,080 „

Sämmtliche Löhne sind Nettolöhne, abzüglich des Pulvers.

Der Schichtlohn der Schlepper betrug in 1888 durchschnittlich 2,00 ℳ. bis 2,50 ℳ., je nach Leistung und Alter der Leute.

Im ersten Viertel des laufenden Jahres ist der Gesammtdurchschnittslohn gegen das Vorjahr mit Rücksicht darauf, daß die Löhne bereits in 1888 eine Aufbesserung von 2,7 pCt. gegen 1887 erfahren haben und die Zeche erst vom 1. Juli 1889 ab in den wirklichen Genuß der höheren Verkaufspreise tritt, zwar noch nicht erheblich gestiegen, dagegen sind seit 1. April bereits im einzelnen Lohnerhöhungen für Schlepper und Pferdetreiber eingetreten, und zwar beträgt der Lohn für Schlepper zur Zeit auf beiden Schächten mit sehr wenigen Ausnahmen 2,20 ℳ. bis 2,50 ℳ. und für Pferdetreiber (fast durchweg Arbeiter bis zu 18 Jahren) 1,90 ℳ. bis 2,30 ℳ. für die 8stündige Schicht.

	Auf verfahrene Schichten	sind an Arbeitslöhnen verausgabt	oder für Mann und Schicht
1887	388 364 1/4	1 202 263,03 ℳ.	3,096 ℳ.
1888	457 795 1/4	1 455 474,50 „	3,179 „

Der Durchschnittslohn in 1888 ist somit gegen das Jahr 1887 für Mann und Schicht (einschl. Arbeitslöhne der jugendlichen Arbeiter) um 0,083 ℳ. gestiegen, was eine Mehrausgabe an Arbeitslöhnen für das ganze Jahr von 457795¼ × 0,083 ℳ. = 37 996,98 ℳ. ergiebt. Der Durchschnittsverkaufspreis in 1888 hat gegen das Jahr 1887 eine Steigerung von 0,024 ℳ. für die Tonne erfahren oder auf das Gesammtabsatzquantum in 1888 von 425 571 t × 0,024 ℳ. = 10 213,70 ℳ.

Mithin stellte sich die Mehrausgabe durch die Lohnerhöhung auf Zeche Graf Bismarck in 1888 um 27 783,28 ℳ. höher, als die Mehreinnahme für Kohlen in Folge der Preissteigerung beträgt.

Die betreffenden Lohnerhöhungen sind, da der Ermittelung des Durchschnittslohnes die Berechnung für Kopf und 8stündige Schicht zu Grunde gelegt ist, auf die Erhöhung der Gedingsätze und Schichtlöhne zurückzuführen, wobei wir nicht unterlassen wollen zu bemerken, daß auf der Zeche Graf Bismarck in den Jahren 1873 bis 1885 niemals verfügbare Erträgnisse erzielt worden sind, und somit während dieses langen Zeitraums eine Ausbeute an die Gewerken nicht zur Vertheilung gelangen konnte.

3. Zeche Consolidation.

Der Jahresdurchschnittslohn eines Arbeiters, einschließlich der jugendlichen Arbeiter, betrug nach Abzug der Ausgaben für Oel, Sprengmaterialien und Gezähe im Jahre 1887 880 ℳ., im Jahre 1888 dagegen 979 ℳ., sodaß sich in 1888 gegen 1887 eine Erhöhung um 99 ℳ. auf einen Arbeiter = 11,2 pCt. ergiebt, welche Erhöhung zum Theil aus vermehrter Arbeitsgelegenheit, zum Theil aus den erhöhten Durchschnittslöhnen entspringt.

Dabei ist zu berücksichtigen, daß in 1888 der Durchschnittsverkaufspreis der Kohlen um 1,80 ℳ. für den Doppelwagen gegen 1887 heruntergegangen ist, während, wie bemerkt, die Löhne stetig steigend geblieben sind.

4. Zeche Carl Friedrich Erbstollen.

Im 1. Semester 1888/89 ist gegen das 1. Semester 1887/88 der Kohlenpreis um 14,95 pCt., der Arbeitslohn für die Tonne um 18,26 pCt., der Arbeitslohn für die Schicht um 7,40 pCt. gestiegen.

5. Zeche Fürst Hardenberg.

Im ersten Semester 1888/89 ist gegen das 1. Semester 1887/88 der Arbeitslohn für die Schicht um 12 pCt., der Kohlenpreis um 2 pCt. gestiegen.

6. Zeche Alstaden.

Die Löhne haben betragen:
1886 . . . . . 798 ℳ.
1887 . . . . . 822 „
1888 . . . . . 879 „

7. Zeche Concordia.

Die Löhne haben betragen:
1886 . . . . . 837 ℳ.
1887 . . . . . 876 „
1888 . . . . . 978 „

8. Zeche ver. Wiesche.

Die Löhne haben betragen:
1886 . . . . . 870 ℳ.
1887 . . . . . 870 „
1888 . . . . 891 „

9. Zeche Zollverein.

Es betrugen die Durchschnittslöhne:

		Schacht I u. II.		Schacht III.	
		1889	1888	1889	1888
der Gesteinshauer	Januar	4,16 ℳ.		4,44 ℳ.	
	Februar	3,97 „	3,94 ℳ.	4,27 „	4,12 ℳ.
	März	3,92 „		4,44 „	
der Kohlenhauer	Januar	3,92 „		3,47 „	
	Februar	3,84 „	3,72 „	3,90 „	3,80 „
	März	3,85 „		4,00 „	

der Gesammtdurchschnittslohn betrug:

Januar	3,23 ℳ.		3,36 „	
Februar	3,22 „	3,12 „	3,37 „	3,28 „
März	3,23 „		3,42 „	

Der Schichtlohn betrug auf beiden Schachtanlagen in 1889:
Zimmerhauer . . . . 2,50 bis 3,10 ℳ.
Schlepper (junge Leute von 16 Jahren an) 1,80 bis 2,50 „

10. Bergwerksgesellschaft Dahlbusch.

Im 1. Vierteljahr 1889 verfuhren 2006 Arbeiter 158 366 Schichten und verdienten 511 080 ℳ. Lohn nach Abzug aller Arbeitskosten und der Knappschaftsbeiträge. Der mittlere Lohn betrug 3,23 ℳ. Ein Arbeiter erhielt im Durchschnitt einen Vierteljahrslohn von 254,77 ℳ. Im März wurden beschäftigt 1280 Hauer, Lehrhauer und Gesteinsarbeiter; von diesen verdienten nach Abzug der Arbeitskosten 730 Mann oder 60 Prozent über 100 ℳ. Hierin sind die Gefälle enthalten.

9 Mann verdienten 130—125 ℳ.
34 „ „ 125—120 „
62 „ „ 120—115 „
111 „ „ 115—110 „
252 „ „ 110—105 „
262 „ „ 105—100 „
730 Mann.

Im März wurde an 25 Arbeitstagen regelmäßig und ohne Ueberschicht gearbeitet.

Der reine Nettolohn nach Abzug von Gefällen, Pulver und Oel ꝛc. betrug für die gesammten 1280 Hauer ꝛc. 3,71 ℳ. im 1. Viertel 1889.

Im ganzen 1. Viertel 1889 ist keine Ueberschicht gemacht worden.

11. Zeche Hannover.

1887/88 Durchschnittslohn sämmtlicher Arbeiter (einschließlich der Pferdetreiber und der jugendlichen Arbeiter):

　　　　　Hannover I ..... 2,9185 ℳ.
　　　　　　„　　II ..... 2,9405 „
März 1889. Desgl.:
　　　　　Hannover I ..... 3,160 ℳ.
　　　　　　„　　II ..... 3,110 „
April 1889. Desgl.
　　　　　Hannover I ..... 3,310 ℳ.
　　　　　　„　　II ..... 3,280 „

Die Durchschnittslöhne der Kohlenhauer waren im März 1889
　　　auf Hannover I ..... 3,690 ℳ.
　　　　　„　　„　II ..... 3,720 „

Die Durchschnittslöhne der Schlepper stellten sich im März 1889
　　　auf Hannover I ..... 2,230 ℳ.
　　　　　„　　„　II ..... 2,280 „

Im April 1889 stellten sich die Löhne der Hauer durchschnittlich bei geringerer Leistung ebenso hoch wie im März, die Löhne der Schlepper dagegen stellten sich durchschnittlich um 30 bis 35 ₰ höher, also auf 2,55 bis 2,60 ℳ.

12. Zeche Siebenplaneten.

Der Netto-Lohn (ausschließlich Beamte) betrug durchschnittlich im
　　　I. Viertel 1888 ..... 2,50 ℳ.
　　　I. 　„　　1889 ..... 2,70 „
ist also um 22 pCt. gestiegen.

13. Zeche Westhausen.

Im März 1889 gegen März 1888 stieg der Kohlenpreis um 12. pCt., der Arbeitslohn um 20 pCt.

14. Zeche Bickefeld.

Von März 1888 bis März 1889 ist der Lohn um 10 pCt. gestiegen.

15. Zeche Margaretha.

Im Jahre 1888 stieg der Kohlenpreis gegen 1887 um 7,08 pCt., der Arbeitslohn um 10,3 pCt.

16. Zeche Glückauf Tiefbau.

Im 1. Halbjahr 1888/89 ist gegen das 1. Halbjahr 1887/88 der Kohlenpreis um 14,15 pCt., der Arbeitslohn für die Tonne um 15,02 pCt., der Arbeitslohn für die Schicht um 9,46 pCt. gestiegen.

17. Zeche Humboldt.

Die Löhne haben betragen:
　　　　　1886 ..... 780 ℳ.
　　　　　1887 ..... 789 „
　　　　　1888 ..... 855 „

18. Zeche Roland

Die Löhne haben betragen:

1886 . . . . . 819 ℳ.
1887 . . . . . 855 „
1888 . . . . . 936 „

19. Zeche Rosenblumendelle.

Die Löhne haben betragen:

1886 . . . . . 885 ℳ.
1887 . . . . . 888 „
1888 . . . . . 891 „

20. Zeche Hannibal.

1887 förderten 790 Mann in 253 393 Schichten 250 172 t Kohlen mit einer Lohnsumme von 722 508,85 ℳ., 1888 förderten 825 Mann in 287 560 Schichten 272 090 t Kohlen mit einer Lohnsumme von 840 350,96 ℳ., es ergiebt dies 320$^1/_2$ Schichten p. Mann, 0,99 t Kohlen p. Mann und Schicht, 2,85 ℳ. Lohn p. Schicht, 912 ℳ. Jahresverdienst, 348 Schichten p. Mann, 0,95 t Kohlen p. Mann und Schicht, 2,92 ℳ. Lohn p. Schicht, 1018 ℳ. Jahresverdienst; es kostete sonach 1 Tonne Kohlen an Lohn im Jahre 1887 2,89 ℳ., im Jahre 1888 3,09 ℳ., mehr 20 ₰, es hat sonach die Arbeits=
leistung um 4 pCt. nachgelassen, dagegen ist

der Lohn für die Schicht um . . 7 ₰ oder 2$^1/_2$ pCt.
„ Jahresverdienst um . . . . . 106 ℳ. „ 11$^1/_2$ „
„ Lohn für die Tonne Kohlen um 20 ₰ „ 7 „

gestiegen, während die Preis=Erhöhung der Kohlen nur 5$^1/_2$ pCt. betrug. Thatsächlich beträgt der Mehrpreis der Kohlen für 1888 30 ₰ für die Tonne, die Mehrausgabe für Löhne aber 20 ₰, sodaß von dem erhöhten Preis die Arbeiter $^2/_3$, die Zeche nur $^1/_3$ erhalten hat.

Dem Jahreslohn von 1018 ℳ., bemerkt der Geschäftsbericht der Verwaltung der gedachten Zeche dazu, welcher den Durchschnitt der ganzen Belegschaft einschl. der Tages= und der jugendlichen Arbeiter enthält, sich daher für den geschickten und fleißigen Bergmann erheblich höher stellt, sind dann noch an Knappschafts= und Invaliditäts=, an Unfall=Versicherung und sonstigen Wohlfahrts=Einrichtungen auf Kopf und Jahr 63 ℳ. (mit Ausschluß des Beitrags der Arbeiter), also volle 6 pCt. zuzusetzen und es ist unerfindlich, geradezu unerhört, wie man solchen Löhnen und Beiträgen für das Wohl der Arbeiter gegenüber, so wie es von den Führern der Bewegung und der Arbeiter verhetzenden Presse geschieht, von schlechten Löhnen und inhumaner Behandlung zu reden wagen kann. Dies sind aber nur die in Parallele gestellten Verhältnisse bis Ende 1888. Seitdem war der Lohn in fortwährender Steigerung begriffen, derart, daß der Durchschnitts= verdienst sämmtlicher Leute von 2,92 ℳ. per Schicht im Jahre 1888 sich im 1. Quartal dieses Jahres bereits auf 3,01 ℳ. und im April auf 3,07 ℳ. erhöhte, also um volle 5 pCt., während die zu gewärtigenden höheren Kohlen= preise der Zeche erst mit dem Beginn des zweiten Semesters, nach Ablauf der gegenwärtigen Lieferungsverträge, zu gute kommen.

Die den Arbeitern in Folge des Ausstandes zugestandene Lohnerhöhung wird den Durchschnittslohn von 3,07 ℳ. im April auf 3,30 ℳ. die Schicht erheben, was gegen das Jahr 1888 eine Mehrausgabe von ca. 10 000 ℳ. per Monat, gleich 120 000 ℳ. per Jahr bedeutet. Inwiefern die erhöhten und ferner zu erhöhenden Kohlenpreise diese Mehrausgabe zu decken geeignet und dem Grubenbetrieb doch noch eine angemessene Rentabilität lassen werden, läßt sich, zumal auch die Arbeitsleistung gegen früher eine geringere sein wird, heute noch nicht übersehen.

21. Belgische Aktien-Gesellschaft der Steinkohlengruben von Herne-Bochum.

Nachweisung der in 1888 an die Arbeiter — mit Ausschluß der Beamten — gezahlten Nettolöhne (das Jahr zu 300 Arbeitstagen gerechnet), ermittelt für die Knappschaftsberufsgenossenschaft.

Schacht	Nettolohn 1888	Arbeitstage 1888	Lohn auf 1 Arbeitstag	Lohn auf 1 Jahr
Providence	654 271,35 ℳ.	193 595	3,3796 ℳ.	1013,88 ℳ
Barrillon	720 253,50 „	213 153	3,3790 „	1013,70 „
Clerget	810 181,05 „	237 791	3,4071 „	1022,13 „
Recklinghausen II	763 120,75 „	220 696	3,4576 „	1037,34 „
	2 947 826,65 ℳ.	865 235	3,4069 ℳ.	1022,07 ℳ.

Nettolohn nach Abzug von verloren gegangenem Gezähe, von Oel und Schießmaterial.

Es ist also gezahlt in 1888 an Nettolohn auf den Arbeitstag wie vorstehend angegeben 3,4069 oder auf's Jahr zu 300 Arbeitstagen gerechnet 1022,07 Mark.

Es wurden aufgewendet zu Gunsten der Arbeiter im Jahre 1888.
1. an Nettolöhnen . . . . 2 947 826 ℳ.
2. „ Knappschaftsbeiträgen (Beiträge der Werksbesitzer) 110 382 „
3. „ Unfallversicherung . . . . 59 518 „
4. „ freier ärztlicher Kur für Arbeiterfamilien . . . 1 500 „
5. „ Unterstützungen . . . . 1 593 „
Summa 3 120 819 ℳ.

oder bei 865 235 Arbeitstagen ein Lohn auf den Arbeitstag von 3,7225 ℳ. oder pro Jahr 1116 Mark.

In den Arbeiterkolonien bezahlen die Arbeiter für eine Wohnung bestehend aus: 3 Stuben, 1 Küche, 1 Boden, 1 Stallung, 1 Keller, sowie Garten von 45 Ruthen auf's Jahr 108 Mark.

Auf Kolonie Hochlar: freie Schulen.

22. Zeche Westfalia.

Zum Schluß lassen wir hier noch eine Auslassung der Verwaltung der Zeche der. Westfalia folgen, zu welcher diese sich in Folge verschiedener Verdächtigungen der ultramontanen, in Dortmund erscheinenden Zeitung „Tremonia" veranlaßt gesehen hat. Die in der folgenden Aufstellung aufgeführten Personen waren die sogenannten „Delegierten" der Belegschaft der Zeche, also wohl die Leiter der Bewegung.

„Wir schicken voraus", sagt die Verwaltung in ihrer Erklärung, „daß in den Lohnsummen auch der Verdienst zahlreicher Ueberschichten bei manchen der

Leute eingeschlossen ist, daß aber die Löhne „Nettolöhne" sind, wovon außer den Ausgaben für Pulver und Oel auch die Beiträge zur Knappschaftskasse abgezogen sind.

Es haben im ersten Vierteljahr 1889 verdient.

1) auf Schacht „Westfalia":

Wilhelm Lohmann	301,45 ℳ.	Heinrich Hartmann	272,82 ℳ.
Wilhelm Kruse	303,40 „	Tiedrich Becker	272,80 „

2) auf Schacht „Kaiserstuhl":

Karl Wienke	350,45 ℳ.	Fr. Reinhard	191,10 ℳ.
A. Brüßler	321,65 „	H. Mäns	307,10 „
Eduard Berger	308,45 „	W. Liebenthal	244,45 „

Hierzu zahlt die Gewerkschaft pro Kopf noch 30 ℳ. für Beiträge zur Knappschaftskasse, Krankenkasse und Unfall-Berufsgenossenschaft, die gleichfalls lediglich den Bergleuten zu Gute kommen. Das ergiebt ein ganz anderes Bild, als die „Tremonia" entrollt, der hiernach der Vorwurf gehässiger, tendenziöser Entstellung mit vollem Rechte gemacht werden muß. Natürlich giebt es unter 1200 Bergleuten starke und schwache, fleißige und faule, geschickte und ungeschickte, und wenn Faulheit und Ungeschicklichkeit sich paaren, sind Löhne, wie die meisten der oben angegebenen, nicht zu erwarten. Ein richtiges Bild geben hier eben nur die Durchschnittslöhne, ein noch richtigeres aber eine Vergleichung der Leistungen mit den Löhnen, welche am besten so angestellt wird, daß man die auf jeden Centner gewonnener Kohlen verfallenden Löhne berechnet. Auf dem Schachte „Westfalia", dessen Betriebsverhältnisse seit Mitte 1887 durchaus gleichartige und regelmäßige sind, kostete jeder Centner Kohlen an Löhnen im zweiten Halbjahr 1887 13,53 ₰, im ersten Halbjahr 1888 14,89 ₰, im zweiten Halbjahr 1888 17,21 ₰, das giebt in 1½ Jahren eine Steigerung von 26 pCt.

Die Frage, wie weit es den Zechen überhaupt möglich war, Lohnerhöhungen eintreten zu lassen, ohne zugleich das Interesse des in die Unternehmungen eingelegten Kapitals zu schädigen, hat, wie wir schon oben bemerkten, so unglaublich es klingen mag, in der gegnerischen Presse so gut wie keine Erörterung gefunden. Man ging einfach von der Voraussetzung aus, daß die Geschäftslage eine andere geworden sei, daß die gestiegenen Kohlenpreise den Zechenverwaltungen wesentlich erhöhte Reinerträge sicherten und daß es selbstverständlich sei, daß den gesteigerten Einnahmen auch erhöhte Löhne entsprechen müßten. Daß die Steigerung der Kohlenpreise nur sehr langsam seit einem Jahre vor sich gegangen war, daß die Zechen bis dahin die Aufbesserung der Geschäftslage sich vielfach nur in sehr beschränktem Maße hatten zu nutze machen können, weil sie bis zu Anfang und mehrfach bis zur Mitte des Jahres 1889 durch Verträge gebunden waren, welche zu den früheren niedrigen Preisen abgeschlossen waren, daß die große Mehrzahl der Werke erst mit

5

dem 1. Juli 1889, nach Ablauf der alten Verträge, in den vollen Genuß des besseren Preisstandes treten wird, das alles wurde einfach ignoriert. Die Aussichten auf eine bessere Zukunft erschienen mehr als ausreichend, um schon zum voraus eine Erhöhung der Löhne zu erzwingen, die selbst zu der zu gewärtigenden Preissteigerung in keinem Verhältniß stand.*)

In einem noch eigenthümlicheren Lichte erscheinen die Forderungen der Streikenden, wenn man die **finanzielle Lage** ins Auge faßt, in welcher weitaus die Mehrzahl der westfälischen Zechen sich seit einer langen Reihe von Jahren befunden hat und die nur dann eine gründliche Aufbesserung erfahren wird, wenn die kaum begonnene günstigere Gestaltung des Kohlenmarktes von längerer Dauer sein wird.

Für eine freie Erwerbsgenossenschaft, wie es die Bergbau-Aktien-Gesellschaft und die Berggewerkschaft ist, sollte es doch als selbstverständlich betrachtet werden, daß ihr erstes und oberstes Ziel dahin gerichtet sein muß, dem darin angelegten Kapital eine **angemessene Verzinsung** zu sichern. Nun ist es aber eine bekannte Thatsache, daß dieses Ziel von der großen Mehrzahl der westfälischen Steinkohlenzechen seit der Mitte der siebziger Jahre

---

*) Sehr richtig bemerkt in dieser Beziehung Herr Bergwerksdirektor Hilbck in einem an die Gewerken der Zeche Westfalia gerichteten Bericht über die Folgen des Arbeiterausstandes: „Die Frage: Kann man in Westfalen höhere Löhne zahlen, als zur Zeit geschieht" muß ganz entschieden und unbedingt verneint werden. Die Steigerung der Löhne hat in den letzten Jahren mit der Steigerung der Kohlenpreise mehr als gleichen Schritt gehalten. Nach den seither vorliegenden genauesten amtlichen Daten hat der Werth der geförderten Kohlen im Jahre 1888 den des Jahres 1887 um 6 Prozent überstiegen, die Lohnsteigerung von 1887 bis 1888 beträgt über 8 Prozent. Da im Jahre 1887 der Bergwerksbetrieb in Westfalen, als Ganzes betrachtet, absolut keinen Ueberschuß erbracht hat, so ist das Verhältniß im Jahre 1888 kaum gebessert, höchstens insofern, als es den meisten Zechen gelungen ist, durch erhöhte Förderung die Generalkosten etwas zu vermindern. Für das Jahr 1889 schien ein etwas günstigerer Stern an dem überaus düsteren Kohlenhimmel aufgehen zu wollen, da kam der Streik und vernichtete mit einem Male die Aussichten auf einen mäßigen Ertrag, der auch im laufenden Jahre noch lange nicht hingereicht haben würde, den Bergwerksunternehmungen die bescheidene Rente zu sichern, welche die sicherste Kapitalanlage in Staatspapieren bringt. Selbst zur Zeit haben die Kohlenpreise noch nicht diejenige Höhe erreicht, welche man in Saarbrücken im vorigen Jahre als beispiellos niedrig bezeichnete. Sollen aber die Löhne auch ferner mit den steigenden Kohlenpreisen gleichen Schritt halten, so werden eben immer die Selbstkosten bis zur Höhe der Verkaufspreise hinaufgehen, b. h. die Zechen werden, allemal als Gesammtheit betrachtet, nach wie vor nichts verdienen. Wie es bei dieser Lage der Dinge, deren Erkenntniß sämmtlichen Betheiligten innewohnt, gekommen ist, daß man trotzdem in eine

bis jetzt hin vergeblich angestrebt ist, daß die meisten Werke seitdem mit Verlust gearbeitet oder doch nur sehr bescheidene Dividenden abgeworfen haben, daß die Betriebsüberschüsse in vielen Fällen nur nothdürftig ausreichten, um den Betrieb aufrecht zu erhalten und die zur Unterhaltung der Belegschaften erforderlichen Löhne zu bestreiten. Um den Nachweis für die vorstehende Behauptung zu erbringen, müssen wir uns hier auf die Wiedergabe der wesentlichsten Resultate beschränken, zu welchen eine eingehende und sorgfältige Prüfung der Finanzlage des westfälischen Steinkohlenbergbaues geführt hat, welche von Seiten einer zu diesem Zwecke von dem Vorstande des Vereins für die bergbaulichen Interessen niedergesetzten Kommission vor zwei Jahren veranstaltet worden ist. Die Ergebnisse der Arbeiten dieser Kommission sind in einer von dem Bergassessor Nonne ausgearbeiteten umfangreichen Denkschrift*) niedergelegt und haben bis dahin von keiner Seite eine Widerlegung gefunden.

Wir lassen zunächst aus dieser Denkschrift eine Zusammenstellung derjenigen westfälischen Bergwerke, welche für ihr Unternehmen die Form der Aktien-Gesellschaft gewählt haben, sowie der Dividenden, welche diese Gesellschaften im Laufe der Jahre 1876 bis 1885 einschl. erzielt haben, folgen.

bedeutende Lohnerhöhung gewilligt hat, soll weiter unten ausgeführt werden. Hier muß nur noch betont werden, daß die Behauptung der Bergleute, welche sich in der bekannten, den Essener Zechen zugegangenen Resolution befindet, es sei endlich an der Zeit, daß die Bergleute auch ihren bescheidenen Theil an den so sehr gestiegenen Kohlenpreisen erhielten, die eben angegebenen unumstößlichen Thatsachen vollständig negirt, obgleich es allen Leuten und speziell den Leitern der Bewegung bekannt sein mußte, wie außerordentlich günstig sich nach dieser Richtung hin die Verhältnisse gestaltet hatten. Man hat also den Streik mit einer bewußten Unwahrheit angefangen. Bedürfte es noch weiterer Beweise dafür, daß die seither gewährte Lohnerhöhung den Mehrertrag für Kohlen bei den meisten Zechen vollständig absorbirt hat, so liefern diese in ausgiebigster Weise die Rechenschaftsberichte derjenigen Zechen, welche gerade während der Streikzeit ihre ordentliche Gewerken-Versammlung gehabt haben. Von „Freie Vogel" bei Hörde z. B. heißt es, der Mehreinnahme von 24 000 ℳ. in Folge gestiegener Kohlenpreise stehen höhere Löhne zum Betrage von 23 900 ℳ. gegenüber, und auf Alstaden hat die Erhöhung der Löhne 42 000 ℳ. betragen, die des Kohlenpreises nur 40 000 ℳ. Auf dem alten Schachte Westfalia kostet heute der Centner Kohlen an Löhnen etwa 26 pCt. mehr als im letzten Quartal des Jahres 1887. Auf Consolidation hatte 1888 eine Lohnsteigerung von 11,7 pCt. stattgefunden."

*) Technische Mittheilungen des Vereins für die bergbaulichen Interessen im Oberbergamtsbezirk Dortmund. Im Auftrage des Vereins-Vorstandes und der von demselben gewählten technischen Kommission bearbeitet und veröffentlicht von Bergassessor a. D. Nonne in Dortmund. 1886.

	Schlußbilanz. Aktien-Kapital einschl. Prioritäten	Anleihe	Summa	Gezahlte Dividende in 10 Jahren 1.	2.	3	4.	5.	6.	7.	8.	9.	10.	in Summa %	In Summa in Mark	
1. Alstaden	3 360 000	525 160	3 885 160	0	0	0	0	0	0	0	0	0	0	0	nichts	2 520 000 Akt. 840 000 Pr.
2. Aplerbeck	2 400 000	—	2 400 000	3	0	0	1	4 1/2	5 1/3	5	5	4 1/2	0	28 1/3	680 000	
3. Arenberg	3 000 000	3 200 488,37	6 200 488,37	0	0	0	0	6	8	5	6	6	6	32	960 000	
4. Bochum	4 500 000	—	4 500 000	9 7	4 0	0 0	0 0	3 0	0 0	0 0	0 0	0 0	0 0	16 7	652 500	3 750 000 G. A 750 000 G. B
5. Bonifacius	7 500 000	791 500	8 291 500	0	0	0	0	0	0	0	0	1 2/3	1 1/2	3 1/6	237 500	
6. Borussia	1 800 000	600 000	2 400 000	0	0	0	0	0	0	3	5	0	0	8	144 000	
7. Cölner B.-W.	5 400 000	—	5 400 000	0	0	2	3	4	5	5 1/2	7	5	5	6 1/2	1 971 000	
8. Dahlbusch	12 000 000	—	12 000 000	2 2/3	2 4/10	3	3 1/3	5 1/3	6 2/3	8	8	8	6	53 4/10	6 408 000	
9. Dortmund. General	3 300 000	702 600	4 092 600	0	0	0	3	0	0	4	0	0	0	7	231 000	
10. Dortmund. Louise	11 887 200	—	11 887 200	0	0	2	2 1/3	1	1	2 1/3	2	0	3 1/3	10 8/6 3 1/3	1 485 900	
11. Essener B.-W.	9 000 000	750 000	9 750 000	0	0	0	0	0	0	0	0	0	0	0	nichts	
12. Gelsenkirchen	20 250 000	618 120	20 868 120	7 1/2	5 1/2	6	6	7	7 1/2	7	7	6	6	39 1/2 28	10 597 500	
13. Harpen	7 500 000	2 663 700	10 163 700	0	2 1/2	2 1/2	3 1/2	5 1/2	2	3 1/2	0	0	0	19 1/2	1 462 500	
14. Hibernia	16 800 000	—	16 800 000	1 1/2	2 1/2	2 3/4	3 1/3	7 1/2	4	5 1/3	6	6	6	44 11/12	7 546 000	
15. Holland	3 628 200	1 250 000	4 878 200	10 5	0 5	0 0	0 0	2 5	0 0	0 0	0 2	0 0	0 0	2 17	174 284	2 950 200 G. A 678 000 G. B
16. Hugo	4 000 000	900 000	4 900 000	0	0	0	0	0	3	5	5	5	4	22	880 000	
17. Magdeburg	3 000 000	—	3 000 000	7	6 2/3	6	3 1/3 5	4 5	3 1/3 5	11	15	15	15	86 1/3 90 2/3	2 629 000	2 100 000 St. 900 000 Pr.
18. Mark	829 500	80 149,10	909 649,10	8	0	0	0	0	0	0	0	0	0	8	66 360	
19. Meiderich	9 056 000	—	9 056 000	0	0	0	0	1 1/2	1	1	1	0	0	4 1/2	407 520	
20. Neuessen	2 250 000	—	2 250 000	15	10	10	1[illegible]	12	13 1/3	13 1/3	15	15	15	133 2/3	3 007 500	
21. Nordstern	8 460 000	—	8 460 000	0	0	0	0	0	3 1/3	1 2/3	1 2/3	0	1 1/3	8	338 400	
22. Pluto	4 414 400	1 000 000	5 414 400	1 1/10 0	5 0	0 0	0 0	5 1	0 0	5 0	5 0	5 0	0 0	28 1/10 1	232 394	3 664 400 St. 750 000 Pr.
23. Westf. G.-B.	9 000 000	1 028 165	10 028 165	0	0	0	0	0	0	0	0	0	0	0	nichts	
	153 335 300	14 197 882,47	167 533 182,47												40 111 358	2,62%
Unter Nicht-Berücksichtigung des Kapitalzuwachses auf Gelsenkirchen von	6 750 000															
welcher in der Zwischenzeit erfolgt ist, stellen sich die Aktien und Prioritäten auf	146 585 300	auf welche berechnet obige Dividenden in Prozente ergiebt . . .														2,73
															10jährige Durchschnitts-Rente	2,07% pro anno

— 69 —

Auf Kapital und die Einzeljahre in Mark berechnet, sowie in Durchschnitts-Prozenten für die einzelnen Jahre angegeben, gestalten sich die Resultate wie folgt:

Dividende der einzelnen Jahre in Mark und Prozenten.

	1876	1877	1878	1879	1880	1881	1882	1883	1884	1885	Summa
1. Alsbaden	72 000	—	—	—	108 000	128 000	120 000	120 000	108 000	—	689 000
2. Shierct	—	—	—	—	190 000	80 000	150 000	190 000	190 000	190 000	990 000
3. Kemberg	390 000	150 000	—	24 000	112 500	—	—	—	—	—	652 500
4. Bochum	—	—	—	—	—	—	—	—	125 000	112 500	237 500
5. Westfalia	—	—	—	—	—	—	54 000	90 000	—	—	144 000
6. Borussia	—	—	108 000	162 000	216 000	270 000	297 000	378 000	270 000	270 000	1 971 000
7. Essener Bergbau-Verein	320 000	288 000	320 000	400 000	640 000	800 000	960 000	960 000	900 000	720 000	6 408 000
8. Dahlbusch	—	—	—	99 000	—	—	132 000	—	—	—	231 000
9. Dortmunder General	—	—	237 744	277 988	118 872	118 872	297 180	237 744	—	198 120	1 486 900
10. Dortmunder Union	—	—	—	—	—	—	—	—	—	—	—
11. Essener Bergbau-Verein											
12. Gelsenkirchen	1 012 500	742 500	810 000	810 000	945 000	1 012 500	1 417 500	1 417 500	1 215 000	1 215 000	10 597 500
13. Harpen	—	167 500	187 500	202 500	412 500	150 000	262 500	—	—	—	1 482 500
14. Hibernia	252 000	430 000	482 000	560 000	1 260 000	672 000	896 000	1 008 000	1 008 000	1 008 000	7 546 000
15. Holland	33 900	33 900	—	—	92 904	—	—	13 500	—	—	174 204
16. Hugo	—	—	—	—	—	—	—	—	—	—	—
17. Magdeburger Aktien-Gesellschaft	210 000	200 000	190 000	115 000	129 000	120 000	200 000	200 000	200 000	150 000	880 000
18. Mark	66 360	—	—	—	—	115 000	330 000	450 000	450 000	450 000	2 628 000
19. Westerich	—	—	—	—	—	—	—	—	—	—	66 360
20. Neu-Essen	337 500	225 000	225 000	337 500	135 840	90 560	90 560	90 560	—	—	407 520
21. Nordstern	—	—	—	—	270 000	300 000	330 000	337 500	337 500	337 500	3 047 500
22. Pluto	8 250	37 500	—	—	—	141 000	70 500	70 500	—	56 400	336 400
23. Westfälischer Gruben-Verein	—	—	—	—	74 144	—	37 500	37 500	37 500	—	292 384
Summa	**2 702 510**	**2 284 400**	**2 570 244**	**3 047 388**	**4 684 760**	**4 007 932**	**5 614 740**	**5 590 984**	**4 891 000**	**4 705 620**	**40 111 338**
oder %	**1,8**	**1,5**	**1,7**	**2,0**	**3,1**	**2,7**	**3,7**	**3,7**	**3,3**	**3,1**	**2,87 %**

Wer möchte bestreiten, daß das finanzielle Ergebniß, welches aus diesen Zahlen spricht, als ein überaus bescheidenes, ja klägliches zu bezeichnen ist? Einigermaßen ausreichende Dividenden sind darnach nur von 5 der aufgeführten Gesellschaften gezahlt worden: von Gelsenkirchen (im Durchschnitt des zehnjährigen Zeitraums 6,6 pCt.), Hibernia (4,5 pCt.), Dahlbusch (5,3 pCt.), Neu-Essen (13,3 pCt.), Magdeburger Bergwerks-Gesellschaft (9,3 pCt.); von sämmtlichen 5 Gesellschaften im Durchschnitt 5,6 pCt.

Sämmtliche übrigen Gesellschaften blieben während des zehnjährigen Zeitraums im Durchschnitt hinter einer Jahresdividende von 4 pCt. zurück; bei einigen Werken waren die zur Vertheilung an die Aktionäre gelangten Ueberschüsse verschwindend gering oder geradezu gleich Null.

Bei den gewerkschaftlich betriebenen Werken sind die finanziellen Ergebnisse nicht mit derselben Genauigkeit festzustellen, da dieselben bekanntlich nur in unvollständiger Weise der Oeffentlichkeit übergeben werden. Doch reichen die von der technischen Kommission des Bergbauvereins in Bezug auf diese Werke für die Jahre 1885 und 1886 mit aller Sorgfalt angestellten Erhebungen vollständig aus, um zu beweisen, daß der in Gestalt von Ausbeute zur Vertheilung gelangte Reinertrag der Gewerkschaften sich noch erheblich niedriger stellt, als die Seitens der Aktiengesellschaften erzielten Dividenden.

Die Gesammt-Produktion der 79 Gewerkschaften rechts der Ruhr betrug 1885 13 295 833 t mit 51 018 Arbeitern und 260 t Jahres-Arbeiterleistung, 1886 13 280 100 t mit 50 358 Arbeitern und 264 t Jahres-Arbeiterleistung.

Die Gewerkschaften, deren Betriebs-Ergebnisse der Kommission mitgetheilt worden sind, produzirten:
1885 11 542 611 t mit 43 565 Arbeitern und 265 t = 86,8 pCt.
1886 10 824 895 „ „ 40 633 „ „ 266 „ = 81,6 „
der gesammten Förderung der 79 Gewerkschaften.

Die mit ihrem Bericht im Rückstande gebliebenen Gewerkschaften förderten:
    1885 1 753 222 t mit 7453 Arbeitern und 235 t
    1886 2 455 205 „ „ 9725 „ „ 252 „

Bei dem Betriebe der berücksichtigten Gewerkschaften wurden gebaut:
1885 4 997 066,02 ℳ. Ausbeute, 5 155 827,47 ℳ. Zubuße,
1886 4 705 898,87 „   „ 2 986 624,56 „   „
    9 702 964,89 ℳ. Ausbeute, 8 142 449,03 ℳ. Zubuße.
Sa. 1 560 515,85 ℳ. Ausbeute.

Für 1885 ergiebt sich hiernach eine Zubuße von 158 758,45 ℳ., welche im Verhältniß von 86,80 auf 100 pCt. umgerechnet rund 182 800 ℳ. Zubuße für sämmtliche Gewerkschaften repräsentirt. Die Differenz in den Effekten ergiebt für die fehlenden 13,20 pCt. einen weiteren Ausfall 30.5.7453 = 1 117 950 ℳ., also im Ganzen 1 300 750 ℳ.

Für 1886 vermindert sich der Ueberschuß,
welcher für 81,6 pCt. . . . . 1 719 274,35 ℳ.
für 100 pCt. also . . . . 2 106 953,86 „
ausmacht, um 14.5.9725 = ... 680 750,00 „
sodaß hiernach pro 1886 ein Ueberschuß verbleibt
von . . . . 1 426 203,86 „
hiervon ab die Zubuße pro 1885 . . . . 1 300 750,00 „

Für 1885 und 1886 ist hiernach von sämmtlichen Gewerkschaften rechts der Ruhr mit einer Gesammt-Produktion von 26 575 933 t nur ein Ueberschuß gebaut worden von 125 453,86 ℳ.

Wir könnten die vorstehenden Daten noch durch eine Reihe weiterer Thatsachen ergänzen, um darzulegen, wie es mit den in den Arbeiterversammlungen und in der Presse zum Ueberdruß wiederholten Behauptungen von den großen Ueberschüssen der Zechen und von dem „Druck des Kapitals" in Wahrheit beschaffen ist. Lägen die Betriebsergebnisse für das Jahr 1887 bereits so zahlenmäßig vor, wie für das voraufgegangene Jahrzehnt, so würden sie unzweifelhaft dasselbe Bild zeigen.

Im Jahre 1888 trat allerdings allmählich in den Preisen für die Kohle eine Besserung ein, aber wir haben bereits auf die Gründe hingewiesen, weshalb diese Aufbesserung in den Rechnungsabschlüssen der Werke für das gedachte Jahr erst schwach zum Ausdruck gelangen konnte. Die Berichte, welche bis dahin von den Bergwerksgesellschaften über das Geschäftsjahr 1888 veröffentlicht sind, bestätigen die Richtigkeit dieser Behauptung.

Wenn man von der Arenberg'schen Gesellschaft, deren Dividende von 8 pCt. in 1887 auf 15 pCt. in 1888 stieg, und von Neuessen mit 18 pCt. für 1888 absieht, so weisen die meisten Werke in 1888 einen unerheblich höheren Reinertrag als in 1887 oder gar keinen auf; so Bonifacius 3 pCt. gegen 1½ pCt. in 1887, Kölner Bergwerksverein 6 pCt. gegen 4 pCt., Gelsenkirchener Bergwerksgesellschaft 6 pCt. gegen 5½ pCt., Harpener Verein 2½ pCt. gegen 0 pCt., Hibernia 7½ pCt. gegen 4½ pCt., Pluto 2 pCt. gegen 0 pCt., Borussia 1 pCt. gegen 0 pCt., Aplerbecker Bergwerke 3½ pCt. gegen

3½ pCt., Dortmunder Bergbau ½ pCt. gegen 0 pCt., Luise Tief=
bau 3½ pCt. gegen 3½ pCt., Bochumer Bergwerke 0 pCt., Essener
Bergwerksverein 0 pCt.

Im letzten Jahrzehnt erzielten von den 16 rheinisch=westfälischen
Steinkohlenbergwerks=Aktiengesellschaften, die an der Berliner Börse
gehandelt werden,

4 Gesellschaften 5¼ bis 7   pCt. Durchschnittsdividende,
5   „   1¾ „ 3½ „   „
4   „   ¼ „ 1   „   „
3   „   überhaupt gar keine Erträgnisse.

Das sind doch in der That Betriebsergebnisse, die geradezu als
klägliche bezeichnet werden müssen, und mit denselben vergleiche man
nun den Lärm, mit welchem die kolossalen Ueberschüsse der Stein=
kohlenbergwerke ausposaunt worden sind!

Unsere bisherigen Ausführungen müssen jeden, dem es wirklich
um die Wahrheit zu thun ist und dem nicht Verhetzung der Haupt=
zweck der Bewegung war, zu der Ueberzeugung geführt haben, daß
der Ausstand nicht einer Nothlage und „Hungerlöhnen" entsprungen
ist. In Wirklichkeit war das Bestreben der Streikenden dahin ge=
richtet, die nach ihrer Ansicht günstige Geschäftslage im eigenen Interesse
nach Möglichkeit auszunutzen. Nicht der Druck der Verhältnisse, nicht
die bittere Noth war es, die zum Ausstande führte, sondern das an
und für sich ja gerechtfertigte Bemühen, eine weitere Steigerung
der gesammten Lebenshaltung für die Streikenden herbeizuführen.

Nichts charakterisirt mehr die Oberflächlichkeit, mit der ein
großer Theil der Presse bei diesem Ausstande zu Werke gegangen
ist und vielfach noch heute zu Werke geht, als die unausgesetzt
verfolgte Tendenz, den Ursprung der Bewegung auf unhaltbar ge=
wordene Zustände zurückzuführen. Bei der klerikalen Presse des Be=
zirks beruhte freilich diese Tendenz nicht auf Unkenntniß und Ober=
flächlichkeit, bei ihr entsprang dieselbe vielmehr der sehr richtigen
Berechnung, daß sie nur dann im Stande sein werde, für ihre In=
teressen die Hand im Spiel zu behalten, wenn sie die niedrigsten
Leidenschaften der Begehrlichkeit und des Neides gegen die Be=
sitzenden nährte.

Es ist überhaupt eine zwar viel verbreitete, aber durchaus irrige
Ansicht, daß Arbeitseinstellungen aus Nothzuständen entspringen müssen.
Es ist das nur selten und ganz ausnahmsweise der Fall und derartige
Ausstände pflegen dann einen besonders bitteren Charakter anzunehmen

und mit Gewaltthätigkeiten aller Art verknüpft zu sein. In der Regel wird vielmehr **nur dann zu der Waffe des Ausstandes gegriffen, wenn die Konjunktur eine aufsteigende ist**, wenn die Nachfrage nach Arbeitskräften sich mehrt und infolgedessen die Löhne erhebliche Erhöhungen erfahren, kurzum, wenn die allgemeine Geschäftslage eine aussichtsvolle wird. Man verfolge nur die einzelnen Arbeitseinstellungen, namentlich die zahllosen des heurigen Frühjahrs, und man wird diese Beobachtung fast allerwärts bestätigt finden.

Auch die einzige größere Arbeitseinstellung, von welcher der westfälische Bergbau im Laufe der Jahre heimgesucht worden ist, erfolgte unter Umständen, welche mit den gegenwärtigen die größte Aehnlichkeit hatten. Auch damals, im Jahre 1872, befand man sich in einer aufsteigenden Konjunktur, auch damals hatten, als die Arbeiter die Arbeit niederlegten, die Preise für Kohlen und mit ihnen die Löhne bereits erheblich angezogen, auch damals war eine weitere Steigerung bei beiden mit Sicherheit zu erwarten; aber auch damals, wie heute, glaubten die Arbeiter die weitere Aufbesserung ihrer Lohnverhältnisse nicht ruhig abwarten, sondern durch Niederlegung der Arbeit von den Grubenverwaltungen erzwingen zu sollen.

Die Erhöhung der Kohlenpreise, die sich im Laufe der Zeit vollzogen hatte, und die sichere Aussicht auf bessere Betriebsergebnisse, phantastisch übertrieben von der hetzenden Presse, steigerte 1889 wie 1872 das Verlangen nach höheren Löhnen bald zu wilder Begier; man folgte der Börse, die auch bereits in ganz übertriebener Weise die in Zukunft vielleicht zu erwartenden günstigeren Betriebsergebnisse zum voraus „escomptirt" hatte, ohne zu fragen, inwieweit denn der bessere Preisstand der Kohlen den Werken bereits zu Gute gekommen sei. Hätten die Streikenden diese Frage sich vorgelegt, wären sie überhaupt über die thatsächliche Lage der Dinge unterrichtet gewesen, so hätten sie sich sehr bald sagen müssen, daß die gesteigerten Kohlenpreise erst langsam im Laufe der Zeit in den Betriebsergebnissen der Werke zum Ausdruck kommen würden und daß ihre Forderungen deshalb in dem Augenblicke, wo sie von ihnen erhoben wurden, mindestens sehr **verfrüht** waren. Sie hätten sich ebenso sagen müssen, daß die weitere Aufbesserung der Löhne ganz **von selbst** erfolgen würde, wie sie bereits wenigstens bei den Gedingelöhnen in erheblichem Maße erfolgt war, ohne daß es dazu eines so gewaltthätigen Aktes bedurft hätte, wie es die Arbeitseinstellung war.

Daß die Forderung selbst, ein Zuschlag von 15 oder gar 20 bis 25 pCt. auf die bisherigen Löhne, eine willkürlich gegriffene und weit über das billige Maß hinausgehende war, haben wir schon früher dargelegt. Immerhin kann man den Arbeitern die Anerkennung nicht versagen, daß sie sich in der Hauptsache bei ihren Ansprüchen nicht von sozialdemokratischen Doktrinen haben hinreißen lassen. Wenigstens haben sie in ihren an die Zechenverwaltungen gestellten Forderungen nicht etwa den Anspruch auf eine Gewinnbetheiligung in bestimmten Prozentsätzen erhoben, wie es von dem Grafen Fred Frankenberg in der Berliner „Post" geschehen ist, der ernsthaft den Vorschlag macht, den Ertrag eines Kohlenwerkes auf 4 pCt. des darin angelegten Kapitals festzustellen und alsdann den Mehrertrag zwischen Arbeitgebern und Arbeitern zu gleichen Theilen zu theilen. Erzielt das Werk einen Satz von 4 pCt. nicht, wie es ja nach den obigen Darlegungen der Betriebsergebnisse bekanntlich in den letzten 15 Jahren bei den meisten westfälischen Werken die Regel gewesen ist, so hat der Herr Graf das weitere Rezept zur Hand, daß der Staat einen Ertrag von 3 pCt. zu garantieren und das Fehlende im Bedürfnißfalle zuzuschießen habe.

Warum der Graf seine Vorschläge nur in Bezug auf die Kohlenbergwerke macht und nicht auf alle Erwerbszweige des Landes ausdehnt, ist schwer zu sagen; was dem einen recht ist, ist doch dem andern billig.

Eines haben die Streikenden und die mit ihnen verbündete Presse vergessen oder außer Augen gesetzt: der Arbeitsertrag ist so wenig künstlich in die Höhe zu schrauben, wie es die Preise für die Erzeugnisse der Arbeit sind; diese und mit ihnen die Löhne sind abhängig und bedingt durch die jeweilige Geschäftslage und die Geschäftslage wiederum ist bekanntlich das Ergebniß zahlloser verschiedener Umstände, die zum Theil gar nicht einmal dem eigenen Lande anhaften, sondern weit auf den Weltmarkt hinausgreifen. Durch Koalitionen und Konventionen hat man allerdings in neuerer Zeit wiederholt den Versuch gemacht, den Preis der Waare festzulegen, und auch die westfälische Bergwerksindustrie hat es an solchen Versuchen nicht fehlen lassen. Wie wenig sie damit erreicht hat, ist noch in Aller Erinnerung, und wie sich die angestrebten Resultate geradezu in das Gegentheil verkehren können, das hat u. A. das schmähliche Ende des Kupferringes gezeigt.

Dasselbe ist bei den Löhnen der Fall, sie finden ihre ganz bestimmten Schranken an der bitteren Wirklichkeit der Dinge, und auch hier gilt das Wort: Nah' bei einander wohnen die Gedanken (und die Wünsche), doch eng im Raume stoßen sich die Sachen.

Insbesondere die Kohle als das Brod der Industrie kann und darf nicht über eine bestimmte Grenze hinaus eine Vertheuerung erfahren, wenn die übrigen Industriezweige lebensfähig und im Stande bleiben sollen, den Wettbewerb gegen das Ausland zu bestehen. Und kommt die übrige Industrie in Folge der Vertheuerung ihrer Produktion zum Erliegen, so ist eine Herabsetzung der Löhne ebenso unvermeidlich, wie zur Zeit eine Erhöhung derselben innerhalb gewisser Grenzen zulässig erscheint.

Es ist bezeichnend und im großen Grade bedauerlich, daß so einfache und bekannte Thatsachen selbst von solchen Zeitungen außer acht gelassen sind, die sich gerne als Vertreterinnen des Handels verhalten, und daß von den Beziehungen der deutschen Industrie zum Weltmarkte in denselben während der letzten Wochen gar nicht die Rede gewesen ist.

Auch das wird bei dieser Frage zu leicht übersehen, daß eine Lohnerhöhung, die für die westfälischen Bergarbeiter künstlich vorgenommen wird, unmöglich auf den westfälischen Bezirk beschränkt bleiben kann, sondern sich auch auf die übrigen Bergbaubezirke, ja weiter auf alle übrigen Industriezweige und auf die Landwirthschaft erstrecken muß; aber darin kann man doch nur der Handelskammer in Dortmund*) beistimmen, daß durch ein solches Beginnen die Preise des internationalen Marktes einen festen Strich machen würden, indem sie jedes Land unweigerlich mit dem Verluste seines gesammten Exportes bedrohen, welches in dieser Richtung zu viel empfinden und zu wenig rechnen wollte. Dieser Satz findet bereits seine Bestätigung in der Genugthuung, die man in England über die diesseitige Arbeitseinstellung empfunden hat; nächst der christlich-sozialen Presse hat niemand dieselbe freudiger begrüßt, als die englische Kohlen- und Eiseninbustrie.

Es soll nun nicht in Abrede gestellt werden, daß die öffentliche Meinung, so weit sie in der Presse oder anderweitig zum Ausdruck kam, sich keineswegs auf allen Seiten bedingungslos zu den Forderungen der Ausständigen bekannt oder gar den staatssozialistischen Vorschlägen eines Fred Frankenberg zugestimmt hat. Man müßte auch in der That an der wirthschaftlichen Zukunft unseres Landes verzweifeln, wenn dies der Fall gewesen wäre. Immerhin bildeten solche Organe der Presse, welche, wie die „Rheinisch-Westfälische Zeitung", den Verhältnissen des westfälischen

---

*) Vgl. den Bericht dieser Körperschaft über den Arbeiterausstand an den Reichskanzler Fürsten von Bismarck.

Bergbaues nahestanden und das Unberechtigte in den Ansprüchen der Bergarbeiter aus eigener Sachkenntniß nachzuweisen im Stande waren, oder die, wie die „National=Zeitung", mit ihrem Urtheil zurückhielten, weil sie sich mit Recht sagten, daß eine Einmischung bei dem Streit unzulässig sei, so lange nicht eine eingehende Prüfung der einschlägigen Fragen stattgefunden habe, die Ausnahme; die große Mehrzahl selbst derjenigen Zeitungen, von denen man wenigstens einigermaßen ein Verständniß in solchen wirthschaftlichen Fragen hätte verlangen können, wie in den westlichen Provinzen die „Kölnische Zeitung" und die „Frankfurter Zeitung", nahmen in dem Lohnkampfe von vornherein eine so bedenkliche und gehässige Stellung den Arbeit= gebern gegenüber ein und entwickelten dabei oft eine solche Unkenntniß der thatsächlichen Verhältnisse, daß sie jeden diesen Verhältnissen Näher= stehenden geradezu mit Staunen erfüllen mußte. Zum mindesten wurde gegen die Grubenverwaltungen der Vorwurf erhoben, daß es ihnen an Voraussicht und der nöthigen Fühlung mit den Beleg= schaften gefehlt habe und daß sie sehr wohl den Streik mit allen seinen traurigen Folgen hätten verhüten können, wenn sie bei Zeiten den „billigen" Ansprüchen ihrer Leute entgegengekommen wären.

Schon die Thatsache, daß es nicht allein Westfalen gewesen ist, welches von der Arbeitseinstellung heimgesucht wurde, daß vielmehr in sämmtlichen übrigen Steinkohlenbezirken Deutschlands, in Ober= schlesien, Niederschlesien, Sachsen, in dem Aachener Bezirk und selbst auf den Staatswerken von Saarbrücken, von diesem brutalen Mittel zur Erzwingung einer besseren Lohnstellung Gebrauch gemacht worden ist, sollte die westfälischen Grubenverwaltungen vor einem solchen Vorwurf schützen. Oder sollte die vermißte Fühlung mit den Ar= beitern und deren Ausbeutung in allen diesen Bezirken nicht vor‑ handen gewesen sein?

Auch die fernere Thatsache, daß selbst diejenigen Werke, auf denen anerkannt die engste Fühlung mit den Arbeitern, d. h. die wärmste Fürsorge für das materielle und soziale Wohl der Arbeiter statt= gefunden und sich in einer Reihe der vortrefflichsten Wohlfahrts= Einrichtungen dokumentirt hatte, von der Arbeitseinstellung in Mit= leidenschaft gezogen wurden, hätte die Tadler in ihrem voreiligen Urtheil stutzig machen müssen.

Es ist aber auch unrichtig, wenn man behauptet, daß die west= fälischen Grubenverwaltungen über die Lage der Dinge nicht unter‑ richtet gewesen seien. Daß die Bergarbeiter das Verlangen nach höheren Löhnen trugen, war von ihnen im Laufe der dem Streik vorhergehenden Wochen in mehrfachen Versammlungen ausgesprochen worden, und es waren diese Kundgebungen für die Grubenverwaltungen Veranlassung gewesen, bereits in der Mitte des April eine gewissenhafte Prüfung der Lohnverhältnisse vorzunehmen. Dabei war man zu dem Ergebniß gekommen, daß die Erhöhung der Gedingelöhne bereits unter dem Einfluß der besseren Geschäftslage in einem Maße stattgefunden habe, welches keinen Grund abgebe zu einer weiteren sprungweisen Steigerung dieser Löhne, daß vielmehr eine Lohnaufbesserung nach dieser Richtung mit der fortschreitenden Besserung des Marktes sich naturgemäß von selbst ergeben werde. Andererseits war bei dieser Gelegenheit anerkannt worden, daß eine angemessene Erhöhung der Schichtlöhne angezeigt erscheine, und ist demgemäß auch auf den einzelnen Werken bereits vor dem Streik vorgegangen worden.

Freilich konnte bei diesen Berathungen nicht von Erhöhungen die Rede sein, wie sie von den Bergarbeitern erwartet und später auch verlangt wurden, wie sie aber auch nach Ausbruch des Streiks in der Erklärung des Vorstandes des Vereins für die bergbaulichen Interessen vom 11. Mai 1889 abgelehnt wurden, weil sie eben unmöglich waren.

Wir müssen es aber auch entschieden in Abrede stellen, daß selbst dann, wenn man schon damals weitergehende Zugeständnisse gemacht hätte, die Arbeitseinstellung hätte vermieden werden können. Dazu war die Begehrlichkeit, wie die späteren Ereignisse schlagend dargethan haben, unter dem Einfluß radikaler Agitatoren und einer gewissenlosen Presse, zu sehr genährt und die besonneneren und verständigeren Elemente in der Arbeiterschaft hätten jenen Hetzereien auch dann ebensowenig Widerstand geleistet, wie es nachher der Fall gewesen ist. Die Ursachen der Katastrophe lagen eben tiefer, als daß sie mit Zugeständnissen seitens der Grubenverwaltungen hätten überwunden werden können, die unter allen Umständen doch von den Führern der Bewegung als unzulängliche und höchstens als Ausdruck der Furcht auf Seiten der Arbeitgeber gebrandmarkt worden wären.

Durch unsere Ausführungen glauben wir mehr als hinreichend dargethan zu haben, daß in dem niedrigen Stande der Löhne oder anderen unerträglichen Zuständen kein Anlaß dazu gegeben war, daß mit einem Schlage 100 000 Arbeiter durch Niederlegung der Arbeit ihren Arbeitgebern den Krieg erklärten. Noch viel weniger konnten andere Beschwerden von untergeordneter Bedeutung, die zudem nur einzelne Werke berührten, wie das Nullen der Förderwagen oder der verdeckte Kauengang und ähnliches, zu einem solchen Lohnkampfe auffordern.

Das hat man auch auf gegnerischer Seite mehr und mehr eingesehen und die „Hungerlöhne" sind in den Arbeiterversammlungen und in der Hetzpresse allmählich von der Bildfläche verschwunden. Man beschränkte sich mehr und mehr darauf, da die Thatsache, daß die gezahlten Durchschnittslöhne unmöglich als Hungerlöhne bezeichnet werden konnten, nicht aus der Welt zu schaffen war, einzelne Beispiele aufzuführen, in denen der Arbeiter auf dieser oder jener Zeche mit seinem Verdienst hinter dem Durchschnittssatze zurückgeblieben ist, als ob dies nicht ganz erklärlich und selbstverständlich wäre.

Die Taktik ist deshalb auch inzwischen eine andere geworden und man gefällt sich neuerdings darin, den Ausbruch des Streikes der inhumanen Behandlung der Belegschaften von Seiten der Beamten, insbesondere der Steiger, beizumessen. Man scheut sich nicht, die Beamten als „Sklavenzüchter" hinzustellen, ohne für eine solche allgemeine infame Beschimpfung auch nur die Spur eines Beweises zu erbringen.

Soweit unsere Kenntniß der Verhältnisse reicht, sind wir zum voraus überzeugt, daß auch die in dieser Richtung erhobenen Beschwerden in ihrer Allgemeinheit sich bei der angestellten Untersuchung als eitler Dunst erweisen. Den Klagen über schlechte Behandlung steht die unbedingte Anerkennung des Gegentheils gegenüber, welche auf vielen Zechen selbst während des Streiks von den Belegschaften ihren Verwaltungen gegenüber in der rückhaltslosesten und freiwilligsten Weise zum Ausdruck gelangt ist.

Es soll nicht in Abrede gestellt werden, daß vielleicht hier und da ein Beamter sich eines ungeeigneten Verhaltens gegen seine Untergebenen schuldig gemacht habe. Wie in aller Welt wäre es denkbar, daß es anders wäre bei einem Arbeiterheer von 110 000 Mann und 4 bis 5000 Beamten, welche berufen und verpflichtet sind, die strengste Disziplin zu handhaben? Der Bergbau steht, was die letztere anbetrifft, vollständig auf einer Linie mit der Seeschifffahrt und anderen gefährlichen Gewerbszweigen. Die Ueberschreitung einer einzigen Vorschrift kann Tod und Verderben über Hunderte von Arbeitern zugleich herbeiführen, und wenn man den Leichtsinn und die Unbedachtsamkeit kennt, womit manchmal der Arbeiter selbst Angesichts der größten Gefahren zu Werke geht, so begreift man auch, wenn der seiner Verantwortung sich bewußte

Beamte nicht immer mit derjenigen Ruhe das vorgekommene Vergehen rügt und straft, die im Interesse der Sache zu wünschen wäre.

Eins aber beweist mehr als alles andere, daß die gedachten Beschwerden mindestens maßlos übertrieben sind, und das ist die Leichtigkeit, mit der der westfälische Arbeiter täglich seine Arbeitsstelle wechseln kann. Einer seiner Ansicht nach ungerechten oder zu harten Behandlung von Seiten seines Vorgesetzten kann er sich jederzeit entziehen, indem er die Abkehr nimmt und sich einer anderen Zeche zuwendet, die ihn bei einigermaßen günstiger Geschäftslage gern in ihre Belegschaft aufnimmt. Dieser Freiheit der Bewegung sind sich sowohl der Arbeiter als auch der Beamte in dem niederrheinisch-westfälischen Bergbaubezirke auch sehr wohl bewußt, und es unterscheidet sich die Lage des Bergarbeiters in diesem Bezirke insofern sehr wesentlich von derjenigen beispielsweise auf den fiskalischen Saargruben, wo die Entlassung eines Arbeiters von einem Werke für ihn die Folge hat, daß ihm damit zugleich die Bergarbeit in dem ganzen Bezirke verschlossen ist.

Im Allgemeinen wird man bei vorurtheilsfreier Prüfung der Verhältnisse der Behauptung nicht widersprechen können, daß der westfälische Steinkohlenbergbau in seinen Betriebsführern und Steigern eine Beamtenschaft besitzt, auf welche derselbe allen Grund hat stolz zu sein, und wenn dies noch zweifelhaft gewesen sein sollte, dann hat gerade der eben beendigte Ausstand einen neuen Beweis dafür erbracht. Die gedachten Beamten haben in dieser schweren Krisis mit einer Gewissenhaftigkeit und einem Muthe auf dem ihnen angewiesenen Posten gestanden, der die vollste Anerkennung verdient. Wie wäre es auch zu erklären, daß Männern, die selbst aus dem Arbeiterstande hervorgegangen sind, Leiden und Freuden desselben an sich selber erfahren haben, das Verständniß für die Bedürfnisse des Arbeiters in ihrer höheren Stellung abhanden gekommen sein sollte.

Die nächste Veranlassung zum Ausstande war in Wirklichkeit keine andere, als diejenige, auf welche sämmtliche Ausstände mit verschwindenden Ausnahmen zurückzuführen sind: man wollte eine Aufbesserung der materiellen und sozialen Lage und zu dem Ende vor allem eine Erhöhung der Löhne und eine Verminderung der Arbeitszeit und die Behauptung, daß die Arbeitseinstellung aus dem Gefühl unerträglich gewordener Zustände entsprungen sei, ist schon während derselben zum Mythus geworden. Aus demselben Grunde haben sich alle übrigen Arbeitseinstellungen vollzogen, an denen die letzten Monate so überaus reich gewesen sind, daß es wirklich schwer zu sagen ist, welcher Gewerbszweig von dieser Seuche unverschont geblieben ist. Meistentheils bildete nur die Lohnfrage den Kernpunkt des Kampfes und im Grunde genommen war es bei dem Streik der westfälischen Bergarbeiter, wie wir gesehen haben, nicht anders. Keiner der übrigen Beschwerdepunkte wäre an und für sich und allein im Stande gewesen, eine derartige Bewegung hervorzurufen.

Man hat gleichwohl bei dem westfälischen Bergarbeiterstreik und bei den ihm folgenden Ausständen in den übrigen Bergbaubezirken sich nicht damit begnügt, dieselben als einfache Lohnkämpfe im engeren Sinne des Wortes aufzufassen, wie sie eben zur Zeit zur Alltäglichkeit geworden sind, sondern bei demselben tiefer liegende Ursachen vermuthet, wozu schon der große Umfang, den die Bewegung nahm, unwillkürlich aufforderte.

Man hat darin vollkommen recht gehabt. Die Bewegung in dem niederrheinisch-westfälischen Industriebezirk erklärt sich nicht allein aus dem allgemeinen Bestreben der Bergarbeiter, sich eine bessere Lebenshaltung zu sichern, sie ist nur zu verstehen, wenn man auf die Vergangenheit zurückgeht und sich die Einflüsse vergegenwärtigt, unter welchen der westfälische Arbeiterstand seit zwei Jahrzehnten gestanden hat.

Für den mit den Verhältnissen in dem niederrheinisch-westfälischen Industriebezirke Vertrauten ist es nicht zweifelhaft, von welcher Art diese Einflüsse gewesen und wo dieselben zu suchen sind. Wenn Jemand die Verantwortlichkeit für den eben beendigten Streik und dessen unheilvolle Folgen trägt, so ist es die ultramontane, sich selbst christlich-sozial nennende Partei, die in langer Zeit nicht müde geworden ist, in ihrer Presse und in Versammlungen den Klassenhaß zu nähren und die unteren Stände gegen die Besitzenden zu verhetzen, alle edleren Gefühle zu untergraben und unausgesetzt die niedrigsten Leidenschaften mit Aufbietung der schmählichsten Mittel wachzurufen.

Schon im Jahre 1872 bestand über den verwüstenden Einfluß, welchen diese Partei ausübt, unter allen Sachkundigen kein Zweifel, und die damals in Anlaß des Streiks der Essener Zechen von dem Vorstande des Vereins für die bergbaulichen Interessen abgegebene Erklärung bezeichnete mit Recht diese Arbeitseinstellung als den Ausdruck nicht bloß unklarer Anschauungen über die wirthschaftlichen Verhältnisse, welche auf den Lohn des Arbeiters einwirken, sondern zugleich der „jahrelangen, Gemüth und Geist verhetzenden Einflüsse, welche auf eine gründliche Unzufriedenheit mit der gesammten Entwickelung unserer vaterländischen Zustände in den Arbeiterkreisen hinzielen und die Erregung des Klassenhasses als ein geeignetes Mittel zur Erreichung dieses Zieles in Anwendung bringen".

Seitdem hat die verhetzende Thätigkeit dieser Partei nur von Jahr zu Jahr an Ausdehnung und Intensivität zugenommen. Eine Reihe von Preßorganen, voran die in Dortmund erscheinende „Tremonia", die in Bochum unter Leitung des demagogischen Agitators Fusangel stehende „Westfälische Volkszeitung", die „Gelsenkirchener Zeitung" und die allerdings, wie wir anerkennen wollen, in gemäßigterer Weise vorgehende „Essener Volkszeitung", stehen der Partei zur Verfügung, und arbeiten unermüdlich von Tag zu Tag, um die Grundlagen des wirthschaftlichen und sozialen Lebens zu untergraben und zu zerstören.

Was diese Partei und ihre Bestrebungen besonders gefährlich macht, das ist das Banner, unter dem sie zu kämpfen vorgiebt. Mit heuchlerischer Miene umhüllt sie ihre wüsten Forderungen und Angriffe mit dem Mantel der Religion und rechnet es sich zum besonderen Verdienste an, daß sie es sei, welche es verhindert habe, daß in den Arbeiterkreisen des Bezirkes die Sozialdemokratie bis dahin nur wenig Boden gefunden habe! In demselben Athemzuge vertritt sie Grundsätze, die sich von denen der Sozialdemokratie unterscheiden wie ein Ei vom anderen. Schlau genug hüten sich ihre Organe wohl, das letzte Wort der sozialdemokratischen Lehren auszusprechen und von der Umwälzung der gegenwärtigen Gesellschaftsordnung, von der Bildung sozialistischer Produktionsgenossenschaften oder ähnlichen Dingen zu reden. Aber wenn man im Uebrigen ihre Forderungen auf sozialem Gebiete sich näher ansieht oder die maßlose Sprache verfolgt, mit welcher sie die „Bourgeoisie", das „Kapital", die Vertreter des Kapitals der Verachtung preiszugeben bemüht sind, so fragt man sich mit Recht, wo denn die Grenze zwischen der Sozialdemokratie und diesem sogenannten „christlichen" Sozialismus zu suchen sei. Niemand wird doch im Ernste glauben, daß alle diejenigen, die sich Sozialdemokraten nennen, dies auch mit vollem Bewußtsein sind oder über die sozialistischen Prinzipien, zu denen sie sich bekennen, klare Auskunft zu geben vermöchten; auch sie treibt vielfach nur der Haß gegen den Besitz und das Bestehende, und so ist die Linie, wo der christliche Sozialismus aufhört und die Sozialdemokratie beginnt, in der That schwer zu ziehen. Die Blätter der Anhänger des ersteren haben es wenigstens durch ihre unausgesetzten Wühlereien so weit gebracht, daß in weiten Kreisen der unteren

Klassen der Bevölkerung in dem westfälischen Bezirke die Unzufriedenheit mit den bestehenden Zuständen um sich gegriffen hat und es, wie die letzte Bewegung schlagend gezeigt hat, nur eines äußeren Anstoßes bedurft hat, um dieser Unzufriedenheit in der schärfsten Weise Ausdruck zu geben.

Unter solchen Umständen erscheint denn doch die Frage berechtigt, ob der Staat und die Gesellschaft dieser Partei zu besonderem Danke verpflichtet sind, weil sie, wie sie sich rühmt, einen starken Damm gegen die Verbreitung des sozialdemokratischen Giftes abgebe. Wir meinen sogar, es kann ernster Zweifel darüber entstehen, welcher Feind den Vorzug verdiene, ob der mit offenem Visir kämpfende Sozialdemokrat, oder der in der Kutte des Jesuitismus einherschleichende Christlich-Soziale.

Zum Beweise, daß wir nicht zu schwarz sehen und zu schwarz malen, berufen wir uns auf die zahllosen Kundgebungen, wie sie in der Presse und in den öffentlichen Versammlungen der christlich-sozialen Partei erfolgt sind. Man hat sich neuerdings der dankenswerthen Mühe unterzogen, aus der bereits erwähnten Westfälischen Volkszeitung, welche das Hauptorgan der ultramontanen Partei, die „Germania", allerdings bereits versucht hat von den Rockschößen der Partei abzuschütteln, ein Quoblibet von Aeußerungen zusammenzustellen, um den demagogisch-sozialistischen Standpunkt dieses Blattes zu kennzeichnen. Ein Blick in diese Blüthenlese überzeugt jeden bald, daß der eingefleischteste Sozialdemokrat nicht eine wüstere Sprache reden kann, als es dieses Blatt thut.

Von vornherein wird es von demselben ohne jeglichen Beweis als eine unbestreitbare Thatsache hingestellt, daß die Arbeiter dem Hunger und dem Elende preisgegeben sind. „Hunderttausende von Arbeiterfamilien leben fast ausschließlich von Kartoffeln, Schwarzbrod und Kaffee, während die „Börsianer" viele Millionen für Champagner, Austern und sonstige Leckerbissen ausgeben."

„Eine Industrie", heißt es an anderer Stelle, „welche nur dann existiren kann, wenn sie den Handwerker- und Bauernstand ruinirt und die Arbeiter mit Hungerlöhnen abspeist, kann man weder für existenzfähig noch für existenzwürdig halten."

Die armen Bergleute werden von den „Kohlenbaronen", den „Generaldirektoren", dem „oberen Prozenthum" wie „Sklaven" behandelt, aus deren „Haut lange Riemen herausgeschnitten werden".

In derartigen hämischen Lügen und Verdächtigungen bewegt sich das saubere Blatt Tag für Tag und das nennt es „christliche

Sozialpolitik". „Das Endziel der christlichen Sozialreform", sagt es in widerlichem salbungsvollem Ton bei der Einladung zum letzten Abonnement, „kann nur darin bestehen, daß man die durch die sozialpolitische Entwickelung der letzten hundert Jahre zu Ungunsten der Arbeiter verschobenen Rechtsgrenzen zwischen Kapital und Arbeit wieder an ihre richtige Stelle rückt, daß man zu den Grundsätzen des Christenthums zurückkehrt und die Beziehungen zwischen Arbeitgebern und Arbeitnehmern mit seinem Geiste erfüllt."

Alles in majorem dei gloriam! Deshalb trägt man kein Bedenken, ganzen Klassen der Bevölkerung die Ehre abzuschneiden und ihnen den Krieg bis aufs Messer zu erklären.

Und da wundert man sich, wenn diese Hetzereien endlich ihre Wirkung thun, und spielt den Unschuldigen, der wo möglich noch mit scheinheiliger Miene bedauert, daß es soweit gekommen!

Aber nur mit dem Appell an die schlechtesten Leidenschaften im Menschen weiß diese Partei noch ihre Herrschaft zu behaupten, und da liegt der Schlüssel zu diesem widerlichen nichtsnutzigen Gebahren.

Es wäre geradezu ein Wunder zu nennen, wenn solche jahrelangen Verhetzungen, wie sie von der christlich-sozialen Partei ausgegangen sind, nicht auf die ganze Stimmung und die Anschauungen der arbeitenden Bevölkerung ihren unheilvollen Einfluß ausgeübt und namentlich das Verhältniß derselben zu den Arbeitgebern und zu den Grubenbeamten vielfach von Grund aus vergiftet hätten. Was seit Jahrzehnten von dieser Partei gesäet war, mußte während der Arbeitseinstellung in die Aehren schießen. Zum Glück waren freilich die verderblichen Einwirkungen nicht überall dieselben, schon deshalb nicht, weil die klerikalen Hetzblätter bei dem protestantischen Theile der Bergarbeiterschaft nicht so weit Eingang gefunden haben, wie bei den Katholiken; und der Verlauf des Ausstandes nahm deshalb auch kaum anderswo einen solchen Grad von Heftigkeit, als gerade in dem durch die Demagogie eines Fusangel und Genossen ganz besonders unterwühlten Bochumer und Gelsenkirchener Bezirke.

Wie weit der Ausstand noch auf andere weniger offen daliegende Ursachen, namentlich auf den Einfluß der sozialdemokratischen Partei, zurückzuführen ist, wird die angestellte amtliche Untersuchung ergeben und enthalten wir uns deshalb hier weiterer Vermuthungen.*)

---

*) Verschiedene Vorgänge der letzten Wochen, namentlich die Theilnahme einiger Führer der Bewegung an dem internationalen Sozialistenkongreß in Paris, haben inzwischen gezeigt, daß der Ausstand weit mehr von sozialdemokratischen Elementen durchsetzt war, als man im Anfang ahnen konnte

Die Einwirkungen dieser Partei konnten in jedem Falle nicht so klar zu Tage treten wie diejenigen der christlich-sozialen Partei, weil es derselben an den nöthigen Preßorganen fehlte.

Eines Umstandes muß hier noch kurz Erwähnung gethan werden, der neben den Hetzereien von klerikaler Seite nicht ohne Einfluß auf die Bewegung geblieben ist, insofern er dazu beitrug, die verkehrtesten wirthschaftlichen Anschauungen unter dem Bergarbeiterstande zu nähren.

Kaum hatte die allgemeine Geschäftslage des Steinkohlenbergbaues im vorigen Jahre begonnen eine Wendung zum Bessern zu nehmen und günstigere Betriebsergebnisse in Aussicht zu stellen, als sich die Börse auch dieser Thatsache bemächtigte und dieselbe für ihre Zwecke dienstbar machte. Die Course der Aktien und Kuxen stiegen plötzlich und wurden vielfach binnen wenigen Monaten in einem Maße in die Höhe getrieben, welches nur zu sehr an den Schwindel des Anfangs der siebziger Jahre erinnerte und in den unbetheiligten und den Thatsachen fernstehenden Kreisen den Glauben erwecken konnte, es sei in den westfälischen Steinkohlengruben plötzlich ein neues Kalifornien erstanden, während doch in Wirklichkeit die Dinge sich bis dahin nur unwesentlich geändert hatten und die Börse nur die Zukunft „escomptirt" hatte. Dieses Börsentreiben war nur zu sehr geeignet, auch in den Arbeiterkreisen die abenteuerlichsten Vorstellungen von den Mehreinnahmen der Zechen und das Begehren zu wecken, von der Theilnahme an dem Goldregen, der sich über den Bergbau ergoß, nicht ausgeschlossen zu bleiben.

Seitdem der Ausstand zu Ende gegangen ist, ja schon während desselben, hat man sich mit der Frage beschäftigt, wie in Zukunft derartige große Bewegungen zu verhüten sein möchten, oder, wenn dies nicht möglich sein sollte, welche Maßregeln zu ergreifen sein dürften, um die Rückwirkungen derartiger Massenausstände auf das gesammte übrige wirthschaftliche Leben einigermaßen abzuschwächen. Wie gewöhnlich in ähnlichen Fällen, hat es an zahlreichen Vorschlägen zur Bekämpfung des Uebels von berufener und von unberufener Seite nicht gefehlt.

Es kann nicht unsere Absicht sein, auf eine nähere Erörterung dieser Vorschläge näher einzugehen, schon deshalb nicht, weil die Zeit für die Erörterung derartiger schwieriger Fragen unseres Erachtens noch nicht gekommen ist und zunächst die dazu erforderliche Ruhe in die Gemüther zurückgekommen sein muß. Lägen die Heilmittel so offen zu Tage, wie das manche Kurpfuscher glauben machen wollen, so wären sie längst zur Anwendung gekommen, denn ein vollständig Neues ist der uns beschäftigende Ausstand nicht und andere Länder, wie England und die Ver. Staaten von Amerika, haben auch bereits Ausstände von Bergarbeitern erlebt, die an Umfang dem deutschen Ausstande nichts nachgaben. Ab irato macht man überhaupt keine Gesetze oder man setzt sich der Gefahr aus, zu Maßregeln zu greifen, die den obersten Bedingungen eines gesunden wirthschaftlichen Lebens ins Gesicht schlagen, und man richtet unter Umständen mit solchen künstlichen Mitteln weit mehr Unheil an, als selbst durch einen erbitterten Lohnkampf angestiftet werden kann.

So viel wird wohl von keiner Seite bezweifelt werden, daß ein Universalmittel, die Wiederholung eines Ausstandes, wie er soeben zu Ende gegangen ist, zu verhüten, schwerlich zu finden sein dürfte; dafür spricht schon in dem vorliegenden Falle der Umstand, daß die Einflüsse, deren wir oben Erwähnung gethan haben, nach wie vor bleiben werden, und daß nur von einer wachsenden Einsicht der Arbeiter in die wirthschaftlichen Verhältnisse allmählich im Laufe der Zeit eine Schwächung dieser Einflüsse erwartet werden kann.

Um aber die Wiederkehr ähnlicher Krisen wenigstens nach Möglichkeit hinauszuschieben, ist zunächst selbstverständlich die Beseitigung der Mißstände erforderlich, welche beim Bergwerksbetriebe etwa vorhanden sein sollten. Die amtlichen Erhebungen darüber sind zur Zeit im Gange und werden bald die nöthigen Aufschlüsse bringen. Viel werden sie nicht zu Tage fördern, wenigstens nicht viel im Verhältniß zu den grausigen Schilderungen, welche in der Presse und in Versammlungen von der Unerträglichkeit der Zustände gemacht sind, das ist schon jetzt auf Grund unserer Kenntniß der thatsächlichen Verhältnisse unsere feste Ueberzeugung. Die meisten Beschwerden, die bis dahin erhoben sind, haben sich bei näherer Untersuchung als unbegründet erwiesen und so wird es voraussichtlich auch weiterhin bei den angestellten Erhebungen der Fall sein. Die Grubenverwaltungen werden aber ohne Zweifel sich ebensowohl freuen wie die Belegschaften, wenn wirkliche Mißstände, wo sie sich eingenistet haben sollten, gründlich aus der Welt geschafft werden, wie es ihnen nicht minder zur Befriedigung gereichen wird, wenn ihnen die Geschäftslage eine dauernde Aufbesserung des Arbeitsverdienstes gestatten sollte.

An dem Wohlbefinden und der Zufriedenheit ihrer Belegschaften haben die Verwaltungen ein nicht minder lebhaftes Interesse als diese selbst, das sollte nicht noch einer besonderen Versicherung bedürfen.

Und dieser Ueberzeugung gemäß werden die Verwaltungen auch in Zukunft handeln. Sie werden sich dabei trotz der bitteren Erfahrungen, die sie gemacht haben, nach wie vor von dem Grundsatz leiten lassen, wie er in der Denkschrift der Direktion der Zeche der. Westfalia ausgesprochen ist, daß **eine humane und gerechte Behandlung ihrer Leute sich sehr wohl mit der unumgänglich nöthigen Energie, Strenge und Gemessenheit vereinen läßt**, ohne welche man so zahlreiche Arbeiterbataillone, wie wir sie in Westfalen auf jeder einzelnen Grube besitzen, nicht leiten kann.

Wer den vorstehenden Ausführungen mit einiger Aufmerksamkeit und ohne Voreingenommenheit gefolgt ist, wird uns zustimmen, daß die Anzettelung des Ausstandes ein frivoles oder doch wenigstens ein höchst leichtfertiges Unternehmen war.

Die Streikenden haben durch ihre Arbeitseinstellung allerdings eine Erhöhung ihres Verdienstes erzielt; dieselbe wäre ihnen aber auch ohne den Ausstand zu Theil geworden und sie wird unvermeidlich wieder dahinschwinden, sobald die Geschäftslage wieder eine ungünstige geworden sein wird.

Auch der Wegfall oder die Einschränkung der Ueberschichten, sowie die Beseitigung sonstiger beim Betriebe zu Tage getretener Uebelstände hätten sich durch eine verständige Vorstellung bei den Grubenverwaltungen oder den Revierbeamten erzielen lassen, ohne daß es dazu einer umfassenden Niederlegung der Arbeit bedurft hätte.

Die nachtheiligen Folgen des Streiks sind andererseits so große und so tiefeingreifender Art, daß sie auf lange Zeit hinaus nicht verwunden sein werden.

Zahlreiche Arbeiter haben ihre gesetzwidrigen Handlungen mit schweren oder leichteren Gefängniß- und selbst mit Zuchthausstrafen büßen müssen. Tausende von Familien sind in ihren finanziellen Verhältnissen zerrüttet und es wird bei denselben anhaltender Anstrengung ihrer Ernährer bedürfen, bis normale Zustände zurückgeführt sein werden. Bei manchen derselben wird dies vielleicht niemals der Fall sein: eine nicht geringe Anzahl derjenigen Bergarbeiter, welche sich nach dem Streik an Ordnung und Gehorsam nicht wieder gewöhnen konnten und deshalb von den Grubenverwaltungen entlassen werden mußten, werden sich voraussichtlich zur Wiederaufnahme eines geregelten Berufes überhaupt in Zukunft unfähig erweisen. Aus den Führern der Bewegung, den sogenannten Delegirten, wird aber eine Schaar von sich überhebenden und mit Gott und der Welt unzufriedenen Elementen hervorgehen, welche nicht unterlassen werden, auch unter ihren ehemaligen Kameraden unausgesetzt die Saat der Unzufriedenheit auszustreuen. Die Anschauungen, welche schon während des Ausstandes und nach demselben in den Arbeiterversammlungen über das Verhältniß des Arbeiters zum Arbeitgeber zum Ausdruck gelangt sind, lassen darauf schließen, daß für derartige Agitationen sich auch in Zukunft ein fruchtbarer Boden finden wird. Es wird im besten Falle immer eine geraume Zeit vergehen, bevor dem Arbeiter das Bewußtsein und die Einsicht zurückgekehrt sein wird, daß seine Interessen mit denen seines Arbeitgebers und seines Werkes solidarisch verknüpft sind.

Neben den moralischen Zerrüttungen gehen die finanziellen Einbußen her, deren Umfang auch nur annähernd abzuschätzen in diesem Augenblicke nicht möglich ist. Die Verluste allein, welche der gesammten Industrie unmittelbar zugefügt wurden dadurch, daß sie genöthigt war, ihren Bedarf an Brennstoff sich zu enormen Preisen aus der Ferne zu beschaffen oder die Werke ganz still zu setzen, beziffern sich auf viele Millionen.

Noch empfindlicher werden sich aber diejenigen Schädigungen fühlbar machen, welche der Industrie aus der dauernden Vertheuerung der Kohle erwachsen werden. Mit der letzteren müssen auch die Gestehungskosten der gewerblichen Erzeugnisse in die Höhe gehen und damit muß unvermeidlich der Zeitpunkt um so rascher heranrücken, in welchem der Wettbewerb der heimischen Industrie gegen die des Auslandes zur Unmöglichkeit werden wird.

Solche Wirkungen sind eben unvermeidlich überall da, wo willkürlich und gewaltsam in die natürlichen Bedingungen des Wirthschaftsbetriebes eingegriffen wird, und sie werden sich naturgemäß am ersten bei denjenigen fühlbar machen, von denen dieser gewaltsame Eingriff ausgegangen ist.

Anlage I.

Bericht des Reichstagsabgeordneten Herrn Dr. Hammacher über seine Verhandlungen mit dem Dortmunder Streik-Comité.

Die Vorgänge der letzten Tage in dem niederrheinisch-westfälischen Steinkohlenbezirke haben die öffentliche Aufmerksamkeit in einem so hohen Maße auf sich gezogen, daß ich es für meine Pflicht halten muß, darüber einige Aufklärungen zu geben. Bekanntlich hatten die unter meiner Mitwirkung eingeleiteten Verhandlungen behufs Beilegung des Massenstreiks der Bergleute zu einem formellen Ausgleiche geführt. Der Vorstand des Vereins für die bergbaulichen Interessen im Oberbergamtsbezirk Dortmund erließ am 18. Mai auf Grund einstimmigen Beschlusses eine öffentliche Erklärung, durch welche er sämmtliche Grubenverwaltungen des Streitreviers verpflichtete, bestimmte das Arbeitsverhältniß betreffende Bedingungen zu erfüllen. Die letzteren wichen in 2 Punkten von den in dem bekannten Berliner Protokoll vom 15. Mai niedergelegten Wünschen der Arbeiter-Delegirten ab, indem der Vorstand die Einsetzung eines Vertrauens-Ausschusses der Arbeiter, von dessen Genehmigung die Arbeit in sogenannten Ueberschichten abhängig sein sollte, ablehnte und statt dessen strenge Anordnungen behufs Sicherung der Freiheit der Arbeiter, Ueberschichten zu machen oder nicht, zusagte, — indem er ferner rücksichtlich der Dauer der Arbeitszeit die bereits in dem Berliner Protokolle angenommene „normale Schichtdauer von acht Stunden" den technischen Grubenverhältnissen entsprechend definirte. Um den letzteren Gegenstand auch den nicht in bergbaulichen Angelegenheiten unterrichteten Kreisen verständlich zu machen, bemerke ich, daß allgemein unter „normaler Schichtdauer" diejenige Zeit verstanden wird, innerhalb welcher sich die gesammte Belegschaft in der Arbeit befindet. Das Berliner Protokoll stellte eine achtstündige normale Schicht fest. Sinngemäß hieß das also, daß „die Gesammtheit der Arbeiter", da Ein- und Ausfahrt nicht eingerechnet werden solle, acht Stunden in der Grube bleiben müßte. Hiermit trat aber die weitere Bestimmung des Protokolls in Widerspruch, daß kein einzelner Bergmann länger als acht Stunden in der Grube gelassen werden dürfe, da es unmöglich ist, sämmtliche Arbeiter zu gleicher Zeit in die Grube hinein, bezw. aus derselben herauszufahren. Ein- wie Ausfahrt erfolgt durch den am Seil hängenden Korb, und erfordert selbstverständlich auf allen Gruben längere Zeit. Die zuerst einfahrenden Bergleute sind deshalb bereits vor Beginn der achtstündigen Schicht in der Grube und müssen länger als während der normalen Dauer der Schicht in der Grube verweilen, weil die Ausfahrt erst mit Beendigung der Schicht wieder beginnt. In Wirklichkeit bedeutet in den meisten Fällen die Dauer einer achtstündigen normalen Schicht ein etwa 8½stündiges Verweilen der Bergarbeiter in der Grube. Um den hiernach vorliegenden Widerspruch des Berliner Protokolls zu beseitigen, ging der Einigungsvorschlag des Vorstandes des Vereins für die bergbaulichen Interessen dahin:

„Die normale Dauer der Schicht unter Tage ist acht Stunden, und es soll streng darauf gehalten werden, daß diese Frist vom Schluß der Einfahrt bis zum Beginn der Ausfahrt nicht überschritten wird. Es wird also in die achtstündige Normalschicht die Einfahrt wie die Ausfahrt nicht mit eingerechnet. Die Einfahrt wie die Ausfahrt soll jeweilig in der Regel nicht länger als eine halbe Stunde dauern."

Mit dieser für jeden Techniker durchaus klaren Erledigung der Streitfrage, sowie mit allen übrigen Punkten der Essener Zusagen vom 18. Mai erklärten sich die Delegirten der Streikzechen in ihrer Bochumer Versammlung vom 19. Mai rückhaltlos einverstanden. Dieselben behielten sich die Erreichung weiterer als der zugestandenen Bedingungen zwar offen, beschlossen aber, allen Bergleuten die Wiederaufnahme der Arbeit am 21. Mai zu empfehlen und 2 Monate Frist abzuwarten, um zu kontrolliren, ob die Werksbesitzer ihre Versprechungen hielten. So lag die Angelegenheit, als ich während des 21. Mai Vormittags, und andere Reichstagsabgeordnete im Laufe des Tages und Abends die telegraphische Nachricht erhielten, daß die Grubenverwaltungen die gegebenen Zusagen nicht erfüllt hätten und deshalb der Streik von neuem ausbrechen werde. Ich entschloß mich daher, am 22. Mai nach Dortmund zu fahren, und benachrichtigte hiervon telegraphisch einen der nach Berlin deputirt gewesenen Bergleute mit dem Ersuchen, keine Schritte zu thun, welche der Aufrechterhaltung des geschaffenen Friedenszustandes schädlich sein könnten, zumal ich meine besten Kräfte dafür einzusetzen entschlossen sei, daß die Grundlagen der Einigung durchgeführt würden. Auch die Herren Reichstagsabgeordneten Baumbach und Schmidt ließen ein Telegramm an denselben Bergarbeiter-Deputirten abgehen, worin sie vor Uebereilungen warnten und zur Unterstützung meiner Bemühungen um Vertrauen zu mir ersuchten. Bei meiner Ankunft in Dortmund fand ich den Bahnhof mit einer großen Zahl von Bergleuten gefüllt. Dieselben waren offenbar von meiner Reise unterrichtet. Einige von ihnen theilten mir auf Befragen mit, daß sie wegen Nichterfüllung der Einigungsbedingungen seitens der Arbeitgeber nicht zur Arbeit zurückgekehrt seien, und baten mich in angemessener Form um Unterstützung, daß die ihnen gegebenen Zusagen erfüllt würden. Meine beruhigende Antwort, daß ich mich bemühen und alle Kräfte dafür einsetzen würde, das Einverständniß auf den gewonnenen Grundlagen zu erhalten, wurde freudig aufgenommen. Im Hotel traf ich mehrere Mitglieder des Vorstandes des Vereins für die bergbaulichen Interessen, mit denen ich sofort in Berathung trat. Man theilte mir mit, daß einige von den Bergarbeitern erhobene Beschwerden bereits hinlänglich aufgeklärt seien, um dieselben als auf thatsächlich unrichtigen Darstellungen oder auf Mißverständnissen beruhend bezeichnen zu können, daß auf einzelnen Zechen ein unfreundliches und taktloses Benehmen der Grubenbeamten vorgekommen sein möge, daß aber in der Hauptsache das tiefeingerissene Mißtrauen der Bergarbeiter und das Uebelwollen hetzender Elemente das Einfahren der Bergleute verhindert und Unordnungen unter den eingefahrenen Bergleuten herbeigeführt hätten. Diese Auffassung wurde durch die Thatsache bestärkt, daß bereits am 21. Mai mehrere Veröffentlichungen, unterzeichnet von dem

Streit-Comité, erschienen, wodurch in leidenschaftlicher Form zur erneuten Niederlegung der Arbeit aufgefordert wurde. Das beachtenswertheste von den Führern des Streits: Weber, Bunte, Dieckmann und Brodam unterzeichnete Plakat lud sämmtliche Delegirten der Belegschaften auf Freitag, den 24. Mai, zu einer Versammlung in Bochum ein und erhob in den heftigsten Redewendungen den Vorwurf des Vertragsbruches gegen die Werksbesitzer.

Bereits an demselben Abend begannen meine Besprechungen mit den Arbeitervertretern. Dieselben erstreckten sich zunächst auf eine Erörterung der thatsächlichen Vorkommnisse, welche die dauernde Wiederaufnahme der Arbeit verhindert hatten. Es gelang mir, die Anwesenden davon zu überzeugen, daß mehrere von ihnen vorgetragene Beschwerden doch in einem andern Lichte erscheinen könnten, wenn man sie einer sorgfältigen Untersuchung unter Anhörung beider Theile unterwerfe. Ja, man erkannte an, daß unter den obwaltenden Verhältnissen von beiden Theilen eine gewisse Geduld geübt werden müsse, wenn man wieder zu geordneten Zuständen auf der Grundlage der getroffenen Verständigung gelangen wolle. Selbstverständlich warf ich in der weitgehendsten Weise meinen ernsten Entschluß, für die Beseitigung berechtigter Beschwerden mit meiner ganzen Persönlichkeit einzutreten zu wollen, in die Wagschale und übernahm ich die Garantie dafür, daß an die Beamten die strengsten Anweisungen zur Ausführung der Essener Beschlüsse ergehen sollten. Bei dem Abbruche der Konferenz, welche einen durchaus beruhigenden Eindruck auf die Delegirten gemacht zu haben schien, wurde die Fortsetzung auf den folgenden Tag verabredet. Dieselbe fand am 23. Vormittags unter Theilnahme der neu hinzugetretenen Bergleute Weber und Siegel statt. Offenbar hatte sich seit der vorausgegangenen Nacht die Stimmung geändert. Der bekannte Führer der Berliner Deputation, Bergmann Schröber, gab für sich und die übrigen Arbeiter die Erklärung ab, daß man nunmehr den Hauptwerth darauf legen müsse, die Arbeitszeit in der Grube abgekürzt zu sehen. Jeder einzelne Bergmann sollte überhaupt nicht länger als 8 Stunden in der Grube bleiben dürfen, und die Betriebsleitungen müßten dafür sorgen, daß dies ermöglicht werde. Mein Bemühen war darauf gerichtet, diesen erneut aufgenommenen Streitpunkt zu entfernen. Ich erklärte die unerwartet aufgetretene neue Forderung der Arbeiter für unerfüllbar. Die Werksbesitzer würden nach ihren mir wohlbekannten Entschlüssen auf dies Verlangen nicht eingehen. Man gefährde deshalb die Einigung, welche allseits erstrebt werde. Mit besonderer Schärfe hob ich hervor, daß die durch die Beschlüsse des Vorstandes des Vereins für die bergbaulichen Interessen und der Bochumer Bergarbeiter-Delegirtenversammlung vom 18. und 19. d. Mts. hergestellten Friedensbedingungen nicht angetastet werden dürften, wenn man nicht in unabsehbare Verwirrungen gerathen wolle. Gleichzeitig wies ich meiner Ueberzeugung gemäß die Arbeiter darauf hin, daß sie, nachdem sie vor mir anerkannt hätten, daß in den Vorgängen bei der Wiederaufnahme der Arbeit am 21. d. M. kein ausreichender Grund liege, das geschlossene Einigungswerk als zerstört zu betrachten, sich vor der ganzen gebildeten Welt ins Unrecht versetzen würden, indem sie nunmehr neue Forderungen erhöben. Der Bergmann Schröber beharrte aber auf seinem Standpunkte und machte geltend, daß er, als er die Annahme der Essener Erklärung in der Bochumer Delegirten-Versammlung empfohlen, deren Inhalt nicht verstanden, vielmehr deren Uebereinstimmung mit dem Berliner Protokoll vorausgesetzt habe. Die übrigen anwesenden Bergleute, beispielsweise der Bergmann Weber, wiesen diesen Entschuldigungsgrund für das Abweichen von dem getroffenen Abkommen als auf sie nicht zutreffend zurück, erklärten vielmehr, den Sinn der Essener Veröffentlichungen wohl verstanden zu haben. Den streikenden Arbeitern müsse aber unter den veränderten Verhältnissen sofort ein weiteres Zugeständniß gemacht werden, damit sie zur Beruhigung kämen.

Ich versprach, von der hiernach geschaffenen Lage der Verhandlungen den Werksbesitzern Mittheilung zu machen und erfüllte die Zusage, indem ich dem an demselben Tage Nachmittags in Dortmund zusammentretenden Vorstand des Vereins für die bergbaulichen Interessen Bericht erstattete. Das Resultat der im Anschlusse hieran gefaßten Beschlüsse ist bekannt. In der sofort veröffentlichten Erklärung sagte der Vorstand, daß er unentwegt auf dem Boden seiner Versprechungen vom 18. b. M. stehe, und alle gegebenen Zusagen getreulich erfüllen werde, sich aber zu weitergehenden Zugeständnissen nicht bestimmen lasse. Er wies den den Zechenverwaltungen gemachten Vorwurf der Wortbrüchigkeit zurück, erklärte die einzelnen Vorfälle bei der Wiederaufnahme der Arbeit und die darauf gestützten Beschwerden der Arbeiter als theils noch der Aufklärung bedürftig, theils in ihrem wirklichen Thatbestande nicht durch die Schuld der Grubenverwaltungen herbeigeführt und hob insbesondere hervor, daß die Bergleute mehrerer Gruben die Arbeit mit dem Verlangen wieder verlassen hätten, die achtstündige Schicht einschließlich der Zeit der Ein- und Ausfahrt festgestellt zu sehen. Zugleich forderte er im Interesse des Friedens und des Wohlbefindens aller, sowie eingedenk der Ermahnungen Sr. Majestät, die ausstehenden Bergleute bringend auf, die Arbeit wieder aufzunehmen. Allseits glaubten bei den Grubenbetrieben unmittelbar nahestehenden Direktoren und Zechenrepräsentanten die Ueberzeugung gewonnen zu haben, daß es den von einzelnen Führern verhetzten Bergleuten überhaupt vielfach nicht darum zu thun gewesen sei, zur geordneten und regelmäßigen Arbeit zurückzukehren. Sie stützten dies Urtheil über die feindseligen Ziele einiger Führer der Bewegung u. a. auf die Thatsache, daß Bergmann Bunte, welcher sich bekanntlich unter den von Sr. Majestät empfangenen Delegirten befand, bereits an dem für die Wiederaufnahme der Arbeit festgesetzten Tage der sozialdemokratisch beeinflußten Bergarbeiterzeitung „Glückauf" zu Zwickau die Wiederaufnahme des Streikes im ganzen Bezirke telegraphiert habe. Diese Nachricht, welcher eine genaue Kenntniß der Vorgänge nicht habe zum Grunde liegen können, sei offenbar darauf berechnet gewesen, den auch im Zwickauer Kohlenreviere vorbereiteten Arbeiterausstand zum Ausbruch zu bringen, lasse also darauf schließen, daß es einem Theile der Streikführer erwünscht gewesen sei, einen Vorwand für die Nichtwiederherstellung des Friedens zu finden. Für den Wert dieses Urtheils ist es von Bedeutung, daß der am 21. b. Mts. gedruckt verbreitete Aufruf des Streikcomités mit den Worten beginnt:

„Gegen alles Erwarten erklärt sich eine größere Anzahl von Zechen an die Beschlüsse des Vorstandes des Vereins für die bergbaulichen Interessen im Oberbergamtsbezirke Dortmund nicht gebunden."

Ich hatte die Arbeiterdelegirten, mit denen ich verhandelte, gebeten, mir die Zechen anzugeben, auf welche sich diese Behauptung beziehe. Niemand konnte mir aber eine solche bezeichnen, und man mußte anerkennen, daß der Aufruf eine Unwahrheit an die

Spitze und die Autorität des Vorstandes für die bergbaulichen Interessen ohne Grund in Frage gestellt habe. Bald nach Schluß der Vorstandssitzung fanden sich die Arbeiterbelegirten, um zwei Bergleute aus Castrop verstärkt, wieder bei mir ein, und es fanden die letzten Verhandlungen unter Theilnahme des Geschäftsführers des Vereins für die bergbaulichen Interessen, Dr. Natorp, statt. Dieselben führten nach einem vergeblichen Versuche, rücksichtlich die Dauer der Arbeitszeit neue Bedingungen durchzusetzen, zu einer Verständigung dahin,

„daß alle Anwesenden sich feierlich und in ernster Weise verpflichteten, in der auf den folgenden Tag nach Bochum berufenen Generalversammlung sämmtlicher Delegirten des Streikbezirkes für die Wiederaufnahme der Arbeit kräftig einzutreten."

Gestützt auf die von Dr. Natorp und mir gemachten Zusagen, daß wir und mit uns sämmtliche Mitglieder des Vereinsvorstandes alles aufbieten würden, um die der Ausführung der gegebenen Zusagen entgegenstehenden Hindernisse zu beseitigen, sowie in Anerkennung der großen Schwierigkeiten, welche bei der Erregung der Leidenschaften auf beiden Seiten große Geduld erforderten, sagten die Delegirten ihre volle Unterstützung zu. Nur der Bergmann Bunte erklärte, daß er nicht offen für das Festhalten an den verabredeten Einigungsbedingungen eintreten könne, daß er aber auch nichts thun werde, um die zum Frieden geneigten Bergleute umzustimmen. Er hob ausdrücklich hervor, daß er die Fortsetzung des Kampfes um deswillen nicht öffentlich empfehlen wolle, weil er glaube, daß viele Bergarbeiter die Rückkehr zur Arbeit bringend wünschten und die Führer im Stiche lassen würden, falls diese zur Fortsetzung des Streits aufforderten. Am entschlossensten verpflichtete sich der Bergmann Weber, in der Bochumer Versammlung für die Rückkehr zur Arbeit eintreten zu wollen Dr. Natorp wie ich legten hierauf besonderes Gewicht, weil Weber der Vorsitzende des Streik-Comités war, und weil wir den Eindruck gewannen, daß derselbe vermöge seiner Charaktereigenschaften gerade auf die leidenschaftlichsten Elemente unter den Arbeitern den größten Einfluß üben könne. Wie hoffnungerweckend diese letzte Konferenz mit den Arbeiterführern abschloß, wird durch einen Vorgang deutlich, der auf den ersten Blick bedeutungslos scheint, jedoch für jeden, der in solchen aufregenden Verhandlungen stand, charakteristisch ist. Bei dem Weggehen hatte ich den Delegirten noch einmal die auf dem Tisch stehenden Cigarren angeboten. Alle wollten sich entfernen, als Weber mich bat, ihm noch eine Cigarre zu geben. Ich reichte ihm die Kiste und Weber nahm eine Cigarre mit den Worten: „Diese Cigarre, Herr Doktor, wird nicht geraucht; sie wandert als Friedenscigarre in meine Tasche." Auch die übrigen Arbeiter, welche Zeugen dieses Vorgangs waren, erbaten und erhielten in demselben Sinne eine zweite Cigarre. Leider haben die am Freitag in Bochum gepflogenen Verhandlungen und Beschlüsse der Bergarbeiterdelegirten den nach vorstehender Darstellung berechtigten Erwartungen auf sofortige Wiederherstellung eines thatsächlichen Friedenszustandes zwischen Arbeitgebern und Arbeitnehmern in dem niederrheinisch-westfälischen Streikbezirk nicht entsprochen. Die meisten Redner führten die aufregendste Sprache. Insbesondere hat Weber, welcher die mit mir und Dr. Natorp getroffenen Verabredungen in einem motivirten Antrage zur Annahme empfahl, seinem Zorn über die Lage der Arbeiter und die „Unterdrückung" derselben durch die Arbeitgeber in den glühendsten Worten Ausdruck gegeben. Soweit ich unterrichtet bin, erfüllten auch nur ein Theil der Delegirten, mit denen ich verhandelte, die mir ertheilten Zusagen durch öffentliche Aussprache. Am friedlichsten scheinen Eckhardt und Panter sich ausgesprochen zu haben. 69 Delegirte beschlossen, öffentlich zur Fortsetzung des allgemeinen Streiks und zur Erreichung neuer Arbeitsbedingungen aufzufordern. 48 Delegirte stimmten für den Antrag Weber. Welchen Verlauf die ernsteste aller Arbeiterbewegungen, welche bis jetzt über Deutschland hereinbrach, nehmen wird, kann niemand voraussagen. Nach meinen Beobachtungen ist das Bedürfniß, zu lohnender, regelmäßiger Thätigkeit unter gerechter und humaner Behandlung zurückkehren zu können, bei den meisten Arbeitern so stark, daß der Streik sich thatsächlich bald brechen wird. Die 48 zum Frieden geneigten Stimmen der Bochumer Delegirten-Versammlung haben den größten Theil der Bergarbeiter hinter sich, und es kommt nur darauf an, daß dieselben den moralischen Muth gewinnen, sich von den leidenschaftlich erregten oder den Frieden überhaupt nicht wollenden Agitatoren mit Entschlossenheit loszusagen. Erst die Erfahrungen der nächsten Tage werden zeigen, ob die hierauf gestützten Hoffnungen in Erfüllung gehen.

Berlin, den 28. Mai 1889.

Dr. Hammacher,
Reichstags-Abgeordneter.

Anlage II.

Versammlung von Delegirten der Bergarbeiter des Ausstandsgebietes.

(Bericht nach der stenographischen Aufnahme der Rheinisch=Westfälischen Zeitung.)

Bochum, 24. Mai.

Die rechtzeitige Ankunft der Theilnehmer litt sehr unter dem gewaltig niederströmenden Regen, so daß die Eröffnung der Versammlung erst nach 3½ Uhr erfolgen konnte, um welche Zeit sich eine kaum geringere Theilnehmerzahl als am vorigen Sonntag zusammengefunden hatte. Die Leitung der Verhandlungen lag wieder in den Händen des Bergmanns Weber aus Bochum, Mitgliedes des Central=Streik=Comités, welcher zunächst dem Herrn Oberbürgermeister Bollmann=Bochum das Wort erteilte. Dieser führte aus, daß er beim Auseinandergehen am vorigen Sonntag nicht erwartet hätte, daß sich die Bergarbeiter schon heute wieder versammeln müßten, um dieselbe Angelegenheit zu besprechen, die am Sonntag einen so friedlichen Verlauf genommen habe. Er sei gewiß mehr als jeder andere tief berührt worden von den Nachrichten, daß einige Belegschaften die Arbeit wieder niedergelegt hätten, noch mehr erstaunt aber über die Gründe. Er habe bisher Zweifel gehegt an dem, was in den kurzen telegraphischen Nachrichten mitgetheilt sei und glücklicherweise habe sich nicht alles, was behauptet wurde, in dem hohen Maße bewahrheitet. Redner spricht dann die Voraussetzung aus, daß die heutige Zusammenkunft in derselben friedlichen und patriotischen Gesinnung verlaufe, wie die vom Sonntag, und in der guten Absicht, den Frieden oder Waffenstillstand wieder fortzusetzen und warnt vor der Zulassung von fremden Einflüssen, die den Verhältnissen fern stehen und daraus Kapital schlagen möchten, wenn die Arbeitseinstellung von neuem erfolgt; es werde dadurch eine Tendenz hineingebracht, die des braven Bergmannsstandes nicht würdig sei. Nur ohne fremde Einmischungen sei etwas Ersprießliches zu erreichen. (Sehr richtig!) Redner bemerkt dann, es sei ihm durch den Vorsitzenden bereits Kenntniß von einer vorzuschlagenden Resolution gegeben, welche auffordere, nochmals die Hand zum Frieden zu reichen (Rufe: Nein!), zu dem Frieden, wie er am vorigen Sonntag vereinbart wurde. Er habe sich lebhaft des Schlußsatzes der Resolution vom vorigen Sonntag erinnert, als die Nachrichten von der Wiedereinstellung der Arbeit eingegangen seien und dann wendet sich Redner zu den Bergleuten: Sie wollten ein wachsames Auge darauf haben, ob auch Ihre gerechten Forderungen im Laufe der kürzesten Frist bewilligt werden würden, Sie haben deshalb beschlossen, einen zweimonatlichen Waffenstillstand zu schließen. Ich appellire an Sie, daß die Waffenstillstandsfrist nicht gebrochen wird. Nur wenn Sie sich einig sind, können Sie Ihre Ziele erreichen; ein großer Theil der Belegschaften hat am Dienstag die Arbeit aufgenommen und bis heute weiter gearbeitet. Zwingen Sie die Leute nicht, gegen ihren Willen vielleicht, die Arbeit wieder einzustellen. Herr Dr. Hammacher wird im Stande sein, zu erfüllen, daß Ihnen das Zugesagte gewährt wird von den Zechen, die noch etwas weigerlich sein möchten. Ich bin überzeugt, daß an höchster Stelle das richtige Verständniß für die Beurtheilung der jetzigen Sachlage vorhanden sein und daß Ihnen eine kräftige

Hülfe zu Theil werden wird. Diese Hülfe ist gewiß die sicherste, die Ihnen gegeben werden kann. Ich kann als Vertreter der Behörde versichern, daß jeder Vertreter der Staatsbehörden Ihnen den nöthigen Schutz zu Theil werden lassen wird, nur, wenn Sie alle fremdartigen Elemente, die nicht eigentlich Ihrem Stande angehören, und jede Beeinflussung von außen zurückweisen, von wo sie auch kommen möge. Achten Sie nicht auf das, was in der Presse verarbeitet wird, Sie werden nichts herausfinden, was Ihrem Stande geziemt und zum Nutzen Ihres Standes gereicht, es sprechen da oft eigenthümliche Hintergedanken mit. Arbeiten Sie unter sich und verlassen Sie sich auf sich selbst, dann haben Sie den Schutz aller Bürger, Behörden und Sr. Majestät des Kaisers, und werden so die Sympathien verstärken, die der Bergmannsstand seither gehabt hat. Nehmen Sie die Resolution einmüthig an und gehen Sie mit den freundlichsten Hoffnungen in die Zukunft an Ihre Arbeit. (Rufe: Nein!!) Glückauf! (Beifall.)

Der Vorsitzende Weber dankt dem Oberbürgermeister für die Begrüßung und weist es zurück, daß in die Bergmannssache sich fremde Elemente eingemischt haben. Der Wehruf der Brüder über die ihnen bei Wiederaufnahme der Arbeit zu Theil gewordene Behandlung sei die Ursache der heutigen Versammlung gewesen; Redner selbst sei angeschnauzt, wie man keinen heimgekehrten Zuchthäusler empfange; was Einem geschehen sei, sei Allen angethan. Damit wolle Redner aber nicht die Friedensstimmung verderben. Man habe die Bergleute bei Sr. Majestät als kontraktbrüchige Männer hingestellt, heute aber seien die Grubenverwaltungen wieder kontraktbrüchig geworden. (Lebhafter Beifall.) Die Bergleute hätten, obwohl sie eigentlich nichts erreicht hätten, ihre Friedensliebe gezeigt, aus Liebe zum Frieden, aus Mitleid mit den darbenden Familien. Man versuche, die den Friedensbruch verkündenden Nachrichten zu beschönigen. Man habe aber thatsächlich diejenigen, welche in den Kampf hineingezogen waren, um die Kraft der Arbeit gegen das Kapital zu schützen, gemaßregelt. Täusche man sich nicht, daß mancher wieder ins Loch hereinkriechen werde, fährt Redner fort, das sind Täuschungen. Von dieser Stelle verkündige ich: Wenn man uns von jetzt ab nicht humaner behandelt, den Forderungen nicht gerecht wird, dann Krieg bis aufs Messer, Einer für Alle und Alle für Einen. (Lebhafter Beifall.) Dann bemerkt

Bringewald-Wattenscheid, das Unglaubliche sei wahr geworden, das Wenige, was man bewilligt habe, sei nicht gegeben, namentlich im Dortmunder und Gelsenkirchener Revier und wie er eben gehört habe, auch theilweise im Essener Revier nicht. Warum habe man es nicht gegeben, aus Prinzip, man wollte die Einigkeit zersplittern und wenn das geschehen, dann würden die Herren Millionen und abermals Millionen verdient haben. Solche Versuche aber müssen an der Einigkeit abprallen, wie an einem eisernen Thurm. Die Bergleute seien Deutsche und die deutsche Tapferkeit sei berühmt geworden. Was gefordert, sei billig und gerecht, ja bescheiden gewesen. Die Herren seien wortbrüchig geworden und noch stehen die Bergleute auf dem Boden des Christenthums, wenn später die Arbeiter die Sozialdemokratie einbringe, dann seien die Herren dafür verantwortlich zu machen. Die Regierung werde sich ins Mittel legen, wie sie es beim ersten Streik gethan, jetzt noch entschiedener. Die Herren, die stets den Patriotismus überträufelten, seien keine Patrioten, denn ein Mensch, dem das Wohl und Wehe des Vaterlandes am Herzen liege, würde den Streik nicht heraufbeschwören. Jetzt gelte es, festzuhalten an den winzigen, bescheidenen

Forderungen. Man behaupte, die achtstündige Schicht sei nicht durchführbar, das sei sie doch. Dann sei die prozentuale Lohnerhöhung von Nöthen, erfolge diese nicht, dann setzen die Herren dem einen so viel, dem anderen so viel zu, dem Delegirten womöglich 15 pCt., dem anderen 6 pCt., um den Delegirten zu befriedigen und damit sein Ziel zu erreichen. Die Schichtdauer anlangend, so sei dieselbe für jede Grube maßgebend festzusetzen, von 5 Uhr Morgens bis 1 Uhr Mittags, bann bis 9 Uhr Abends. Die Herren haben sich starrköpfig gezeigt, sei man jetzt auch starrköpfig, das sei die Strafe dafür. (Sehr richtig!) Redner beantragt betreffs der Lohnerhöhung
1) 15 pCt. für alle im Schichtlohn arbeitende Bergleute,
2) 20 pCt. für die Hauer, die bisher nur 60—80 M. verdient haben,
3) 15 pCt. für die, welche 80—100 M. verdient haben,
4) 10 pCt. für die, welche über 100 M. verdient haben.

Das seien durchführbare Forderungen und zu beweisen. Der Durchschnittspreis für die Tonne Kohlen habe vor 5—6 Jahren 8 M. betragen und die Annahme von jetzt 12 M. sei nicht zu hoch gegriffen. Die Tonne fasse 2 Wagen, ein Wagen also koste 6 M. Bei einer Belegschaft von 1200 Mann ergäben die Löhne, wenn jeder durchschnittlich 3 M. verdiente, einen Kostenpunkt von 3600 M. und wenn nun 15 pCt. Lohnerhöhung eintrete, so würde sich derselbe auf 4140 M., also um 540 M. erhöhen. Angenommen, pro Kopf werde 1 t gefördert, das sei die Durchschnittsproduktion, so habe früher der Werth 9600 M. betragen und erreiche jetzt die Höhe von 14 400 M., also die Zechen erzielten durch ihre Mehrproduktion 4800 M. gegenüber einem Mehr an Arbeitslohn von 540 M. Redner mahnt dann noch zur Einigkeit und macht dem als ältesten Streitgenossen eingeführten

Bergmann Eckhardt-Essen Platz, welcher über die jüngsten Verhandlungen mit Herrn Dr. Hammacher in Dortmund berichtet. Als Redner vorgestern gehört habe, daß in Dortmund die Arbeit wieder niedergelegt sei, da habe er sich gesagt, er müsse sich davon überzeugen. Er sei dann zufälligerweise in eine Versammlung von Bergleuten gelangt und es wäre Thatsache gewesen, daß die Arbeitsniederlegung auf mehreren Zechen von neuem erfolgt sei. Schröder habe dann Redner veranlaßt, in Dortmund zu bleiben, weil Herr Dr. Hammacher komme, mit dem dann vorgestern von 10 Uhr Abends bis 1 Uhr Nachts unterhandelt sei, gestern Morgen seien die Verhandlungen wieder aufgenommen und die Bergleute stehen fest auf dem Berliner Protokoll. (Bravo!) Es seien die vorgekommenen Mißstände auf den einzelnen Zechen scharf kritisirt und Herr Dr. Hammacher habe Abstellung der Mißstände zugesagt. Er habe gesagt, er setze sein Vermögen und seine Ehre da an, daß er es abschaffe (Bravo!). Verhandelt wurde von 10 Uhr ab bis 2½ Uhr Nachmittags, die Bergleute mußten unverrichteter Sache wieder nach Hause gehen, sie standen auf dem Berliner Protokoll, Dr. Hammacher auf den Essener Abmachungen. Dr. Hammacher wurde mit uns nicht fertig (Rufe: Mit 18 Groschen nicht.). Gestern Mittag fanden noch Verhandlungen im Verein für bergbauliche Interessen statt, wir bemühten uns um 10 Uhr wieder zum Römischen Kaiser und wir erklärten uns in der Verhandlung mit der 8½ stündigen Schicht einverstanden, aber die Herren haben ihren Standpunkt festgehalten und nicht das Tüpfelchen über dem i bewilligt. In Essen seien die Bergleute sehr human vorgegangen, man habe Monate vorher die Forderungen eingeschickt, sie wurden aber nicht beachtet und wenn man es nicht gesagt, so habe man gedacht: Die Dummköpfe sollen machen, was sie wollen. Man habe auf die Noth und das Elend der Bergleute spekulirt, aus diesem Grunde sei der Streik hervorgegangen. Traurig sei es, daß solche Zustände im Vaterlande existirten. Redner erläutert dann die Verhandlungen zwischen den Bergleuten, den Herren Dr. Hammacher und Dr. Natorp, und wie die Bergleute schließlich das ihnen schwere Wort gesagt hätten: sie wollen den Frieden und nachgeben. Diese Nachgiebigkeit sei aber bewiesen, um moralisch und ehrlich aus dem Kampfe hervorzugehen. Auf ablehnende Zwischenrufe bemerkt Redner, daß es darauf ankomme, ob die Bergleute vollständig einig seien und bleiben würden, sei das nicht der Fall, lieber mit Nichts zum Siege und moralisch aus dem Kampfe hervorgegangen. Der Herr Oberbürgermeister habe den zweimonatlichen Waffenstillstand erklärt (Rufe: Viel zu lange). Es sei dem Redner von den Herren Dr. Hammacher und Dr. Natorp erklärt, falls die Abmachungen nicht erfüllt werden, so möge man zu ihnen schicken, sie würden dann schon sorgen.

Bochum-Altenessen theilt mit, daß auf der Zeche, wo er arbeite, alles bewilligt sei, auf den meisten Zechen aber sei nichts geschehen, aber er glaube, später werde man sich dort, wo etwas bewilligt sei, nicht besser stehen, als dort, wo die Bewilligung erfolgt sei. Bei treuem Festhalten wolle man gern die Hand zum Frieden reichen, wenn das, was gefordert würde, bewilligt sei. (Also doch?) Die Forderungen seien gerechte. 15 pCt. Lohnerhöhung, davon sei keine Handbreit abzuweichen. Es heiße hier und da, man habe Zusatz bekommen, je 3 und 5 ₰, aber keine 15 pCt. Bisher sei nur nachgegeben. Ein Beamter habe ihm gesagt: Glauben Sie, ich lasse mich zwingen, die Forderungen zu bewilligen, lieber mag die Zeche zu Grunde gehen. Man hätte so viel Geld ausgelegt, nun wolle man auch etwas für sich behalten und keine Zubuße mehr bezahlen. So leicht lasse man aber eine Zeche nicht zu Grunde gehen, gerade zu der Zeit, wo sie Gewinn abwerfe. Es sei gesagt, man solle sich an die Herren Dr. Hammacher und Dr. Natorp wenden (Höhnisches Gelächter), wende man sich daran, dann sei das Streikcomité futsch. Gerne wollen die Bergleute die Hand zum Frieden bieten, aber auch etwas erzwingen. Redner habe seine Kameraden in den Kampf hineingeführt, er wolle sie auch gern siegreich herausführen (Bravo). Sollte es nochmals zum Kampf kommen, die Waffen werden stärker geschliffen werden, als sie es gewesen seien. Redner mahnt zur Einigkeit und größten Ruhe, dann bemerkt er, es gebe schon viele, zu denen gesagt sei, Deine Ablehr ist schon lange fertig, wir wollten sie Dir gerade nach Hause schicken mit dem Geld dabei (Pfui). Wenn Redner Morgens zur Schicht komme, so stehen die Beamten und stecken den Kopf zum Fenster hinaus: "Seht, da kommt er", die Kameraden aber sagen „Glück auf". Wir wollen Deiner bewährten Treue gedenken in alle Ewigkeit und da wir sehen, daß Du anführst, fahren wir auch an (Bravo).

Fürlötter-Bickern berichtet, daß auf der Zeche „Unser Fritz" einem Kameraden gesagt sei: „Du kannst Deine Ablehr haben, das Geld liegt fertig." Man sei bereit gewesen, anzufahren, habe dem Betriebsführer ein Schriftstück vorgelegt, dieser habe es aber dem Redner vor die Füße geworfen und gesagt, er bewillige gar nichts. Redner sei dann zum Bergrath gegangen und habe diesem geklagt, man wolle die achtstündige Schicht nicht bewilligen, sondern 10 Stunden haben, eine Antwort hierauf sei noch nicht erfolgt. Das bischen Zusatz haben die Zechen in 14 Tagen doppelt und dreifach wieder. Wenn man jetzt die Waffen strecke, so werde man an einem langsamen Marterpfahle zu

7

Tode gequält und weil man das nicht wolle, so gelte es: Wir wollen sein ein einig Volk in Waffen, aber mit gesetzlichen Waffen.

Rappert-Steele berichtet von Eintracht-Tiefbau, daß der Verwalter zu einem Entgegenkommen geneigt gewesen, aber auf Schacht I seien die Leute erst 1,27 ausgefahren, wogegen auf Schacht II die Ausfahrt punkt 1 Uhr geschehen sei und dabei sei man behandelt wie dumme, grüne Jungens. Redner habe dann eine Depesche erhalten: „Streiken weiter, Deputirten gemaßregelt", so sei es auf Eintracht-Tiefbau und Eiberg zu neuem Streit gekommen. Da habe der Verwalter ausgesehen gestern Morgen wie ein Kettenhund und gesagt, er habe bewilligt und sei zuvorgekommen, aber von heute ab bewillige er nichts mehr. Darauf sei gestern Nachmittag eine Versammlung im Viehhaus'schen Saale gefolgt, in welcher der Amtmann zugegen gewesen, der natürlich gewollt habe, daß man zur Arbeit zurückkehre. Aber uns war gesagt, jetzt könne man noch gar nichts geben, in 4—6 Wochen sollten die Arbeiter anfragen und dann würde alles geregelt werden. Auf Zeche Eiberg sei gesagt, die Bergleute sollten schon kommen und würden die Arbeit wieder aufnehmen. Also festhalten.

Auf eine im Saale eingetretene Unruhe verweisend, bemerkt der Vorsitzende Weber, daß den Bergleuten, welche keine Delegirten seien, heute der Zutritt gestattet sei, es befänden sich aber auch Kutscher im Saale, die den Herrn Direktor fahren, diese Leute haben hier kein Recht. (Rufe: Heraus!) Man habe keine Spione nöthig und solle sich die fremden Geister fernhalten.

Hüne-Dortmund meint, Herr Dr. Hammacher habe bei näherem Zusehen das lebhafteste Interesse, daß die Bergleute übervortheilt würden. Redner findet einen Widerspruch zwischen dem Berliner Protokoll und der Essener Erklärung, nach ersterem solle die Ein- und Ausfahrt jeweilig ½ Stunde dauern, nach dem anderen die Einfahrt ½ Stunde und die Ausfahrt ½ Stunde, in der Wirklichkeit sei die Dauer der Arbeit vom Antreten auf den Förderkorb bis wieder zum Wiederbetreten 9 Stunden. Es sei also ein verkehrtes Beginnen, was die Delegirten da abgemacht haben, sie hätten klipp und klar an den Forderungen festhalten müssen und sich nicht auf klausulirte Protokolle einlassen. Daduch sei es gekommen, daß die Arbeit wieder aufgenommen sei und eine derartige Bewegung bringe man nie wieder zu Stande. Wollte man den Waffenstillstand 2 Monat aufrecht erhalten, dann wären sämmtliche nicht wieder so einmüthig, wie von vorn herein und was sei die Schuld daran? Redner will kein Urtheil fällen und empfiehlt den Antrag Bringewald.

Dieckmann-Ueckendorf hat in dem ganzen Streit, so lange er dauert, eine merkwürdige Konfuserei gefunden. Es sei nichts erzielt, deshalb solle man festhalten und die Herren sich fügen. Wäre man einig geblieben, dann hätte man längst gesiegt. Für die Versprechungen eines Dr. Hammacher kaufe Redner sich noch nicht 1 ₰, da Dr. Hammacher mal gesagt habe, 17 und 18 Groschen sei ein schöner Lohn für den Bergmann. Man schimpfe gleich jeden als Sozialdemokraten, aber wenn diese Herren mal aus ihren Stellungen herauskämen, würden gerade diese die ersten und extremsten Sozialdemokraten sein. Die Berliner und Essener Abmachungen seien nur eine Ummodelung alter Thatsachen. (Rufe: Blendwerk!) Wenn man den Vorspiegelungen und schönen Redensarten nachgäbe, so krieche man wieder ins Loch, aber so lächerlich könne man sich nicht machen dem Auslande und anderen Korporationen gegenüber. So etwas habe man noch nicht erlebt, daß 100 000 Mann streiken und deshalb sollte man konsequent sein in seinen Handlungen. Redner setze seine Forderungen durch, er habe nach Betriebsführer Köper einen Brief gesandt, er müsse noch 14 Tage Urlaub haben, er habe sich zu sehr angestrengt. Es gelte diejenigen, die schon bange würden, beschämt zu machen.

Francke-Ueckendorf theilt mit, daß er sich einen ganzen Aktenstoß gesammelt habe, womit er am Sonntag oder Montag nach Berlin fahren werde, er habe Herrn Dr. Hammacher angezeigt, daß er diese Akten im Ministerium und Abgeordnetenhause überreichen werde. Dann berichtet Redner von Zeche Bismarck, dort habe Steiger Stolle gesagt: Nun, Ihr Affen, was wollt Ihr? Im Jahre 1885 sei ein Mann um sein Invalidengeld gekommen, weil gesagt sei, ein Mann, der bloß 74 ℳ. verdient, ist kein erwerbsfähiger Mann mehr, das sei bewiesen durch Steiger Steinberg von Hibernia und von Steiger Bubbe. Jetzt habe man das Heft in den Händen, nirgends seien mehr Kohlen gewesen, wenn man da wieder 2 Monat gearbeitet hätte, ja was hätten die Herren gelacht? (Höhnisches Gelächter). Redner sagt dann: Wir sind noch Herren der Situation, Herren wollen wir bleiben und die das nicht thun, sind Verräter an den Kameraden (Bravo). Noch seien Symphathien vorhanden, krieche man feige zu Kreuze, zum dritten Male bringe man es vielleicht nicht wieder so zu Stande. Redner verlangt statt 15 pCt. 25 pCt. Lohnerhöhung (Bravo).

Beier-Herne will von allem Abstand nehmen, nur nicht von der achtstündigen Schicht, dann komme die Lohnerhöhung von selbst.

Werne-Bickern theilt mit, daß auch Clerget I und II vollständig angefahren seien, aber es seien die Versprechungen nicht gehalten, die Leute seien von ½5 bis 1 Uhr und von 1 bis 10 Uhr in der Grube gewesen, die Belegschaft habe aber 8 Stunden gefordert, so daß man 8 Stunden, nachdem man auf den Korb getreten, wieder ausfahre. Die Lohnerhöhung sei dann mit 2½ ℳ Zusatz am Gedinge einer Kameradschaft erfolgt, das sei offenbar Spott den Bergleuten gegenüber. Auf Alma sei einem Schlepper bei der Abkehr gesagt: Du kannst hingehen, wo Du willst, Du kriegst nirgends Arbeit mehr. Man wolle die Hand zum Frieden reichen, aber nicht zu einem Frieden, wo in der rechten Hand der hungrige Magen und in der andern der Bettelsack gehalten werde. Redner erblickt eine Genugthuung darin, daß nicht die Arbeiter, sondern die Zechenverwaltungen die Worte des Monarchen verachteten. So sei dem Redner es vorgekommen, daß, als er zum Repräsentanten der Zeche gegangen, dieser statt Fühlung zum Arbeiter zu nehmen, auf den Tisch geschlagen und gesagt habe: Die Wirthschaft bin ich satt, das lasse ich mir nicht mehr gefallen, ich richte mich bloß nach den Essener Beschlüssen. Redner habe darauf erwidert: Und wir machen unseren Resolutionen. Da habe der Repräsentant gemeint, Redner thäte das bloß aus Persönlichkeit.

Hillebrand-Steele findet, daß trotz der vielen Erörterungen unser Herr Bergassessor Krabler noch nicht angekrabbelt sei und von diesem habe es nur abgehangen, daß nichts bewilligt worden sei. Der sagte: Ich unterhandle nicht mit Euch, Ihr kriegt nichts mehr und damit hört's auf. Sollte heute beschlossen werden, die Arbeit wieder aufzunehmen, dann möchte Redner die 3 Schächte, wovon Herr Krabler Leiter ist, Anna, Karl und Emscherschacht, ausgeschlossen und von allen Bergleuten monatlich 1 ℳ. zur Unterstützung der dort feiernden Bergleute gezahlt wissen, damit sie nicht mehr abhängig seien von dem Manne, der sie blos knechte und knute. In Ostafrika betreibe man Sklavenhandel, nach 10 Jahren werde man ihn auch hier betreiben, es möchte denn sein, daß Se. Majestät der Kaiser dagegen auftrete.

Wittkopp-Schalke behauptet, daß die Delegirten, wenn sie nach den Zechen kämen, einfach eingesperrt würden.

Gerres-Harpen wirft Herrn Dr. Hammacher Wortbrüchigkeit vor, denn, wie durch die Tremonia mitgetheilt sei, habe er das Berliner Protokoll verleugnet. Dann habe er in Dortmund gesagt, er sei 28 Jahre Vorsitzender des Vereins für die bergbaulichen Interessen gewesen und er werde im 29. Jahre den Vorsitz niederlegen, wenn er die Bergleute mit den Bewilligungen nicht unterstützen könne. Redner sei dafür eingetreten, daß auf Zeche Lothringen nicht gearbeitet werden solle, die Belegschaft arbeite aber und da habe es vorgestern drei Mann gegeben, denen gesagt sei, sie sollten nach 8 Schichten hingehen, wo sie die andern 12 Schichten gewesen seien. Diese Leute wollten bloß eine trockene Fahrt haben, nicht am Bremsseil herunterturnen, wozu der Betriebsführer viel zu feige sei. Die Leute seien zum Geschworenen gegangen und zum Rechtsschutzverein, der die Sache schon ausmachen werde. Redner warnt dann noch vor den Seilfahrtsmarken und will von den guten Kollegen in der Lampenstube und auf der Maschine wissen, daß die Leute zu früh eingefahren seien und danach seien sie zu spät ausgefahren.

Schröder-Steele versteigt sich zu der Forderung von 30 pCt. Lohnerhöhung. Auf Zeche Joachim Schonebeck habe die Belegschaft die Unterzeichnung eines Schriftstückes gefordert, darauf sei ihr gesagt worden: „Wir werden die Sache schon regeln." Schließlich sei dann der Direktor erschienen unter Bedeckung von Gensdarmen und habe gefordert, wer nicht anfahren wolle, solle den Zechenplatz verlassen; da aber alle arbeiten wollten, sei keiner gegangen und sie haben aufs neue Unterschrift verlangt. Der Direktor habe darauf gesagt, er wisse wohl, wer den Streik ins Leben gerufen und sich an die „alten verständigen Leute" gewandt und darauf, begleitet von schrecklichen Pfuirufen, die Kaue verlassen. Auf Anrathen eines Kollegen, den zweimonatlichen Waffenstillstand zu halten, sei die Belegschaft dann aber bis auf 10 Mann ruhig wieder angefahren.

Grüne-Wattenscheid sagt, daß auf „Fröhliche Morgensonne" die Beamten gütlich entgegengekommen seien und Beseitigung aller Uebelstände zugesagt haben. Die Zeche verpflichte sich auch, bei Wiederausbruch des Streiks Kohlen nur an die regelmäßigen Konsumenten zu verabfolgen und habe gesagt: die andern Zechen sollen das bewilligen, was wir Euch bewilligen und wollten sie die Kohlen viermal so theuer bezahlen, sie kriegen keine, auch wolle die Zeche keinen andern Arbeiter annehmen, damit die andern Zechen nicht sagen, sie holte ihnen die Leute weg. Deßhalb stellt Redner den Antrag, auf dieser Zeche im Falle des abermaligen Streiks das Weiterarbeiten zu erlauben. (Rufe: Nein! Ist unrichtig!)

Herz-Essen fragt gegenüber den vielen Beschwerden: Wo bleibt die deutsche Mannesehre, wo bleibt deutsches Manneswort? Doch es werde der Schein hiervon bringen bis zu des Kaisers Thron und dort dafür gesorgt werden, daß sich die Zukunft besser gestalte. Auf Zeche Ernestine seien die Essener Beschlüsse anerkannt. (Rufe: Dumm genug!)

Brodam-Gelsenkirchen meint, bei den Wahlen wolle man den Arbeitern mit Gewalt patriotischen Sinn einflößen, jetzt aber habe man das Wort des Kaisers mit Füßen getreten. Redner verlangt dann achtstündige Schicht, Ein- und Ausfahrt eingeschlossen, und 25 pCt. Lohnerhöhung, sowie schriftliche Bewilligung dieser Forderungen oder Weiterstreiken. (Bravo.)

Bunte-Dortmund wendet sich gegen die wider ihn in der Rheinisch-Westfälischen Zeitung enthaltene Bemerkung, als habe er den Streik in Sachsen verschuldet durch ein Telegramm; er habe nur wirkliche Thatsachen an das von ihm vertretene Blatt berichtet.

Bauer-Weitmar setzt große Zweifel darin, ob die Belegschaften noch einig hinter den Delegirten stehen; die Stimmung sei nicht mehr wie vor acht Tagen und auf den Ruhrzechen sei ein sehr nobeles Entgegenkommen gewesen. Die Belegschaft von Karl Friedrich sei zufrieden gewesen und habe die Arbeit nur wieder eingestellt, weil die Dortmunder Kameraden gemaßregelt seien. Deßhalb solle man an diesem Punkt festhalten und die übrigen Forderungen lassen, man müsse konsequent bleiben. Eins bleibe als Errungenschaft doch bestehen: die fest geschlossene Organisation, deshalb rathe er zum ehrenvollen Frieden.

Ort-Bochum giebt auf Versprechungen nichts, womit man die Sache nur in die Länge ziehen wolle, mindestens müsse an den Essener Beschlüssen festgehalten werden, aber mit wenigstens 15 pCt. Lohnzusatz.

Friedrich Hütte-Kray sagt, auf Zeche Bonifazius sei nur das Oel für die Wetterlampen gratis bewilligt, er habe auf sämmtliche Schichten eine Löhnung hierfür von 96 ₰ gehabt, die können auch nichts nutzen, deßhalb mögen die Herren Gewerken ihr Oel behalten. Den Schleppern habe man 1 Groschen zugesetzt, denen, die 24 Groschen verdienten, aber gesagt: ihr habt 23 Groschen verdient und bekommt jetzt 24; also Abzug und Zusatz.

Der Vorsitzende **Weber-Bochum** bemerkt, die Klagen seien allgemein und das Recht auf Seiten der Bergleute, die Herren seien wortbrüchig geworden und man habe nicht zu stark angegriffen; die Klagen seien vollständig bewiesen. (?) Aber die Zeit sei nicht bloß zum Reden, sondern auch zum Handeln, man müsse deßhalb zu Beschlüssen schreiten. In höhnischem Tone berichtet Redner dann von seinem Besuch in Plüschpantoffeln bei den Herren im Römischen Kaiser in Dortmund und erreichte damit trotz des Ernstes der Sache einige Heiterkeitserfolge. Herr Dr. Hammacher, berichtet Redner, habe ihm gesagt, er sei grob, doch genieße er sein Vertrauen, und darauf habe er erwidert: „Die Achtung meiner Kameraden ist mir lieber, als wenn Sie Achtung vor mir gewinnen." Schließlich haben die Bergleute erklärt, sie wollen Worte des Friedens an die Delegirten richten. Redner thut dies, indem er eindringlich auf die Nothlage hinweist, die bei weiterem Streiken eintreten müsse, spricht dann aber von den wortbrüchigen Zechenbaronen, die den Streik verschuldet. Man kenne nicht deren Hintergedanken, sie meinen vielleicht, das geliebte Vaterland in Revolutionen zu verwickeln und dadurch die Einheit Deutschlands zu bewerkstelligen, weil der Arbeiterstand das Fundament des deutschen Staates sei, sei das untergraben, dann breche das Haus zusammen und alles sei vernichtet. Se. Majestät habe den Gewerkschafts-Delegirten gesagt: Ihr seid diejenigen, die es zu diesem Ausbruch haben kommen lassen. Die Bergleute haben den redlichen Frieden gewollt, aber diese Herren haben den unter erbärmlichen Zuständen geschlossenen Frieden wieder zertrümmert, aber man wolle noch einmal edelherzig sein, bekunden, daß man das Wohl des Staates wolle, daß die Bergleute friedfertige Bürger seien. (Bravo! Rufe: Nein!) Das sind Vorschläge, die von Eurer Entscheidung abhängen. Redner fährt fort: Ich erkenne, Eure Stimmung ist gereizt, hervorgerufen burch das Verfahren der Junker, die den Krieg wollen, sie wollen nämlich, daß das Volk zerfleischt wird gegenseitig. (Zustimmende Zurufe.) So laßt dem Schicksal seinen Lauf, dann beginnt der Verzweiflungskampf: Entweder, oder. (Stürmisches Bravo!) Redner erwähnt dann, daß er Herrn Dr. Hammacher vorgehalten, wie seine Person nicht mehr maßgebend sei in den Kreisen, wo er sich für maßgebend halte und legt dann die folgende Ansprache vor mit dem Antrage auf deren Annahme als Resolution:

Kameraden!

I. Wir haben gestern in Dortmund mit Herrn Dr. Hammacher, dem Vorsitzenden des Vereins für die bergbaulichen Interessen, unterhandelt und sind mit demselben dahin übereingekommen, den Zechenverwaltungen nochmals die Hand zum Frieden zu bieten. Herr Dr. Hammacher behauptet, daß, wo die Abmachungen vom vorigen Sonntage von den Zechenverwaltungen anscheinend nicht respektirt worden seien, dies lediglich auf Mißverständnisse zurückgeführt werden müsse. Indem wir dies dahingestellt sein lassen, möchten wir betonen, daß diese angeblichen Mißverständnisse keineswegs auf Seiten der Bergleute gewesen sind; diese wissen ganz genau, was sie wollen, und werden in dem Kampfe für ihr gutes Recht nicht ermüden.

II. Wenn so manche Zechenverwaltungen das, was der Vorstand des Vereins für die bergbaulichen Interessen uns versprochen hat, nicht verstanden haben wollen, so ist das sehr bedauerlich, wir hoffen aber, daß Herr Dr. Hammacher, wie er uns in Aussicht gestellt hat, diesen Zechenverwaltungen über das, was uns zukommt, reinen Wein einschenken wird. Auf der andern Seite müssen wir Euch darauf aufmerksam machen, daß es Euere Pflicht ist, ein klein wenig Geduld zu haben und den Zechenverwaltungen insbesondere, was die zugestandene Lohnerhöhung angeht, einige Zeit zu gönnen. Die Durchführung unserer Forderungen läßt sich nicht übers Knie brechen; es ist ja auch von uns zu diesem Zwecke von vornherein eine Frist von 2 Monaten zugestanden worden.

III. Was die Schichtdauer angeht, so darf kein Bergmann länger als 8 Stunden unter Tage behalten werden.

IV. Sollte in dieser Beziehung nach Verlauf von etwa 8 Tagen nicht alles dem Abkommen gemäß geregelt sein, so bitten wir Nachricht an das Central-Streit-Comité gelangen zu lassen, welches dann sofort die geeigneten Schritte thun wird.

V. Kameraden! Wir fordern Euch auf, nochmals den Versuch zu machen, ob mit unseren Arbeitgebern nicht eine friedliche Verständigung möglich ist. Es ist uns nur zu wohl bekannt, wie wenig Grund viele von Euch haben, den Arbeitgebern mit Vertrauen entgegen zu kommen. Man hat Euch zu oft schon getäuscht, zu oft schon vergessen, daß auch der Arbeiter ein Mensch ist und auf ein menschenwürdiges Dasein Anspruch hat. Laßt Euch durch diese bitteren Erfahrungen nicht beeinflussen, zeigt, indem Ihr die Arbeit insgesammt wieder aufnehmt, daß Ihr kein Mittel unversucht lassen wollt, welches zur Verständigung führen könnte. Wir werden darüber wachen, daß der abgeschlossene Pakt in allen seinen Theilen zur Ausführung gelange; wir werden insbesondere darauf sehen, daß die Euch versprochene Lohnerhöhung eine ausgiebige, der glänzenden Lage der Kohleninindustrie entsprechende sei. Mit einigen Pfennigen pro Tag soll man Euch nicht abspeisen. Ihr dürft mindestens soviel verlangen, daß Ihr in der Lage seid, Eure Familien in bescheidener Weise zu erhalten.

VI. Indem wir unsere Kameraden auffordern, den Arbeitgebern nochmals die Hand zum Frieden zu bieten, wenden wir uns gleichzeitig an die öffentliche Meinung im ganzen deutschen Vaterlande. Wir weisen hin auf die Bescheidenheit unserer Forderungen, wir weisen hin auf die Gesetzlichkeit unseres Verhaltens, wir weisen hin auf die Versöhnlichkeit unseres Vorgehens. Unsere Lage bleibt selbst dann, wenn alle unsere Forderungen bewilligt sind, eine sehr gedrückte. Wir geben aber der Hoffnung Raum, daß, wenn die unbedingt nothwendige Neuregelung unserer Beziehungen zu den Arbeitgebern auf dem Wege der Gesetzgebung in Angriff genommen wird, die Vertreter aller Parteien dafür einstehen werden, daß der für die Entwickelung unseres Vaterlandes auf fast allen Gebieten so unentbehrliche Bergmannsstand in alter Kraft und Unabhängigkeit neu erstehe.

VII. Wir wenden uns ferner an die Behörden mit der bringenden Bitte, um strenge Untersuchung der Arbeiterverhältnisse im Kohlenreviere anzuordnen und zwar durch Beamte, deren Unabhängigkeit von den Gewerken über jeden Zweifel völlig erhaben ist. Wenn wir unsere Lage sich von Jahr zu Jahr verschlechtern sahen, wenn wir eines unserer Vorrechte nach dem andern einbüßten, wenn wir von Knappen zu Tagelöhnern hinabsanken, wenn der seßhafte Bergmannsstand in der großen Masse des Proletarierthums fast spurlos verschwand, so konnte dies nicht geschehen, ohne Mitschuld der Behörden. Wir wollen derselben hieraus keinen Vorwurf machen, wir wollen nur daran erinnern, damit man sich darüber klar werde, daß wir Bergleute das Recht haben, von den Behörden die Inschutznahme unserer Interessen zu verlangen. Man knüpfe an die alten Ueberlieferungen wieder an, man gebe dem Bergmannsstande seine früheren Vorrechte und seine alte Organisation zurück; man suche ihn sozial zu heben, und man wird auch seine materielle Lage verbessern.

VIII. Zum Schlusse glaubt das unterfertigte Central=Streik=Comité sich der Pflicht nicht entziehen zu dürfen, allen jenen seinen wärmsten Dank auszusprechen, welche den streikenden Bergleuten ihre Sympathien bewiesen haben. Die von uns im Lohnkampfe gezeigte Mäßigung, die von uns auf das Gesammtwohl des Vaterlandes genommenen Rücksichten haben klärlich dargethan, daß wir der uns von allen Kreisen entgegengebrachten Antheilnahme nicht unwürdig gewesen sind. Wir versprechen, wie die Loose auch fallen mögen, auch für die Zukunft stets eingedenk zu sein, was wir unserm Vaterlande, was wir unsern Mitbürgern schuldig sind. Darin bestehe unser Dank.

Bochum, 24. Mai 1889.

Das Central=Streik=Comité:
Weber=Bochum. Saule=Dortmund. Broham=Gelsenkirchen. Pickmann=Ueckendorf.
Mühlenbeck=Essen.

Nach Verlesung Rufe (Streiken, weiterstreiken).

Bergmann Meier=Bochum theilt noch mit, daß man sich auf Präsident geeinigt habe, Herr Hoffmann habe nicht nur versprochen, keinen zu maßregeln, sondern alle gemaßregelten in Arbeit zu nehmen.

Bringewald=Wattenscheid begründet nochmals seinen Antrag, ohne wesentlich Neues vorzubringen und macht auf den Widerspruch aufmerksam, daß unter dem Aufrufe die Namen Brobam-Gelsenkirchen und Dieckmann-Uechendorf stehen, die heute 25 pCt. Lohnerhöhung gefordert haben. Für den Fall der Annahme seines Antrages appellirt Redner an den deutschen Mittelstand und an die Fabrikarbeiter um Unterstützung in dem schwierigen Kampfe und glaubt, es seien nur einige Tage erforderlich, um zum Siege zu gelangen.

Brobam-Gelsenkirchen erklärt, daß sein Name lediglich deßhalb mit unter der vorgeschlagenen Resolution stehe, weil er Mitglied des Central-Streik-Comités sei. Da sich aber die Sachlage vollständig geändert habe, so ziehe er hiermit seine Unterschrift zurück. Die Stimmung unter den Belegschaften sei für die Ablehnung. Er stelle den Antrag, man möge von den Gruben= verwaltungen verlangen, die Forderungen der Bergleute schrift= lich zu bewilligen; im Weigerungsfalle möge man weiter streiken.

Mühlenbeck-Essen mahnt eindringlich, zu bedenken, daß die Delegirten auf die Stimmung der Belegschaften, welche sie zu vertreten hätten, Rücksicht nehmen müßten. Sie hätten weder das Recht noch die Macht, lediglich ihr eigenes Urtheil als maßgebend hinzustellen. Vielmehr hätten sie die gefaßten Beschlüsse den Belegschaften vorzulegen, welche darüber ihre Entscheidung treffen würden.

Dieckmann-Uechendorf wirft die Frage auf, was man thun solle, wenn die Zechenverwaltungen sich weigerten, die in der Resolution enthaltenen Forderungen zu erfüllen? Im Uebrigen betont Redner, daß er es durchaus der Entscheidung der einzelnen Delegirten überlassen wolle, wie sie sich zu der Resolution stellen würden.

Bauer-Weitmar: Einer der Vorredner habe davon gesprochen, daß es bis zum Vernichtungskampfe kommen könne. Er wolle hoffen, daß das nicht geschehe; denn dann würden die Bergleute nichts erreichen. Jetzt hätten dieselben, wie er das bereits vorher schon hervorgehoben, schon immerhin noch mancherlei errungen, und wenn auch weiter nichts erzielt worden wäre als die Organisation, so würde er dies doch schon als eine große Errungenschaft ansehen. Er schlage vor, daß die Delegirten Schacht für Schacht sich in geheimer Abstimmung über ihre Stellung zu der vorgeschlagenen Resolution erklärten. Das würde jeden= falls zweckdienlicher sein, als wenn man hier zusagende Vorschriften mit Hurrah begrüßte.

Dante-Gelsenkirchen meint, das es doch wohl von Bedeutung sei, wenn ein Mann wie Herr Dr. Hammacher im Beisein von Zeugen erkläre, daß er seinen ganzen Einfluß aufbieten wolle gegen eine Grubenverwaltung, welche an den einmal gemachten Zugeständnissen nicht festhalte. Weiterhin hebt Redner hervor, daß er den Kampfplatz zwar nicht feige verlassen werde, sondern treu auf demselben ausharren wolle; aber doch müsse er die Mahnung an die Delegirten richten, vor ihrer Entscheidung das Ganze im Auge zu behalten und die Folgen wohl zu bedenken, die ihre Entschließung nach sich ziehen könne. So dürfe man vor allen Dingen nicht die Noth und das Elend vergessen, die eventuell die Kameraden und ihre Familien bedrohen. Auch möge man sich darüber nicht täuschen, daß die Staatsregierung sicherlich Schwierigkeiten bereiten werde; bereits sei ihnen mitgetheilt worden, daß an der Grenze aus dem Aus= lande kommende und für die Zwecke des Streiks bestimmte Gelder beschlagnahmt worden seien.

Der Vorsitzende Weber spricht nunmehr das Schlußwort und versichert, daß er sich für seine Person der Sachlage voll und ganz bewußt sei. Er stelle aber den Delegirten ihre Entschließung vollständig anheim. Nochmals wolle man den Grubenverwaltungen die Hand zum Frieden bieten, aber scharf darauf achten, daß dieselben auch ihren Verpflichtungen nachkämen. Man sei durch die jetzt geschaffene Organisation auch vollständig in den Stand gesetzt, eine solche Beaufsichtigung ausüben zu können. Er ruft den Kameraden zu: „Nehmt die Resolution an!" und betheuert dann mit Pathos, daß er nach seinem Menschen zu fragen brauche. Er stehe hier ganz allein und wenn es nicht anders sein könne, so müsse er seine in Amerika weilenden Brüder aufsuchen.

Bezüglich des Abstimmungs=Modus entscheidet man sich dahin, daß dem gemachten Vorschlage gemäß jeder der hier vertretenen Schächte nur das Recht haben solle, e i n e Stimme abzugeben, gleichviel ob derselbe durch einen oder mehrere Delegirte vertreten sei. Es tritt nunmehr eine viertelstündige Pause ein, worauf man zur Abstimmung schreitet, welche mittels Stimmzettel erfolgt. Es werden 118 Stimmen abgegeben, von denen jedoch eine als ungültig be= zeichnet wird. Für Annahme der Resolution erklären sich 48 und dagegen 69 Stimmen.

Sofort nach dem Bekanntwerden des Ergebnisses erhebt sich der Vor= sitzende **Weber**. Obgleich derselbe die Resolution mitunterzeichnet und im letzten Augenblicke noch zur Annahme derselben gemahnt hatte, so schien ihm doch das Ergebniß der Abstimmung nicht unwillkommen zu sein, wie das aus seinen Worten genugsam hervorgeht. Er sprach ungefähr folgendes: „Kameraden! Der Kampf hat wieder begonnen; Uebermorgen ruhen wieder sämmtliche Kohlen= zechen von Rheinland und Westfalen. Kameraden! Ihr habt dokumentirt durch Eure Abstimmung, daß Ihr den Grubenverwaltungen nicht mehr glauben wollt. Gestern Abend habe ich Herrn Dr. Hammacher erklärt, daß ich zum Frieden bereit sei. Jetzt aber, da wieder zum Kampfe geblasen wird, jetzt bin auch ich wieder auf dem Platze. Kampf auf allen Wegen! Kampf dem Kapital! Die anwesenden Vertreter der Presse ersuche ich, es hinauszuposaunen in alle Welt, daß wir Bergleute an dieser Stelle feierlich erklären, zu siegen oder zu sterben. Wir ziehen gegen das Kapital zu Felde, weil die Herren vom Kapital den Kampf gegen uns heraufbeschworen haben. Jetzt Krieg bis aufs Messer! Sieg oder Tod! Denjenigen Deputirten, der feige die Fahne verläßt, erkläre ich für einen Schurken, für einen Lumpen, der nicht werth ist, ein Deutscher zu heißen. Tragen wir aber Sorge, daß wir in der gereizten Stimmung, in der wir uns jetzt befinden, doch nicht die Sympathien Sr. Majestät des Kaisers verscherzen, der so wohlwollende Worte an unsere Abordnung gerichtet hat. Beobachtet vollständige Ruhe, auch schon deßwegen, damit die Gefängnisse nicht mit unsern Kameraden gefüllt werden. Die Verhältnisse dürften jetzt schlimmer werden als vorher. Diejenigen, die uns in den Kampf gedrängt haben, wollen die Revolution. Vergessen wir schließlich aber nicht, unseres Landesvaters zu gedenken und ihm unsern tiefgefühlten Dank auszusprechen. Se. Majestät, Kaiser Wilhelm II., er lebe hoch!"

Nachdem das Hoch auf den Kaiser verklungen war, stimmten die Anwesenden noch die Nationalhymne an und verließen dann den Saal.

Anlage III.

Die Untersuchungen über die Ursachen des Massenstreiks der Bergleute im Oberbergamtsbezirk Dortmund.

In einer Verhandlung zu Dortmund am 6. Juni sind zwischen den Regierungspräsidenten zu Arnsberg, Münster und Düsseldorf sowie dem Berghauptmann zu Dortmund zur Ausführung des Erlasses der Minister der öffentlichen Arbeiten und des Innern vom 25. Mai b. J. bezw. zur Lösung der darin gestellten Aufgabe betreffend Untersuchung der von den westfälischen Bergleuten über ihr Arbeitsverhältniß erhobenen Beschwerden folgende Punkte vereinbart worden:

1) Von der Untersuchung durch die zu bildenden Kommissionen bleiben ausgeschlossen: a. die Gruben, auf denen gar nicht gestreikt worden, b. die Gruben, auf denen nicht länger als 24 Stunden und von weniger als einem Viertel der Belegschaft gestreikt worden, c. die Gruben mit einer Belegschaft unter 100 Mann. Die bezüglichen Verhältnisse dieser Gruben werden (zur Klarlegung des gesammten Bildes) von den Revierbeamten allein untersucht.

2) Die Vernehmungen der Bergleute sollen in der Weise stattfinden, daß von jeder Zeche gehört werden: a. ein bis zwei Bergleute, die während des Streiks als Delegirte der Belegschaft fungirt haben, nach Auswahl der Untersuchungskommission, b. ein Knappschaftsältester, falls auf der Zeche ein solcher arbeitet, c. diejenigen Bergleute, deren Vernehmung vom Revierbeamten oder der Verwaltungsbeamte als wünschenswerth bezeichnet. Dieselben sollen auch aus den verschiedenen Kategorien der Beschwerdeführenden und vorwiegend aus den längere Zeit auf der Grube in Arbeit stehenden Bergleuten ausgewählt werden. Die Vernehmung soll nicht auf der Grube selbst vorgenommen werden. Ob die Arbeiter bezw. die verschiedenen Arbeiterkategorien einzeln oder gemeinsam zur Vernehmung gezogen werden, bleibt dem Ermessen der Kommission überlassen.

3) Die Untersuchungskommissionen werden gebildet für jedes Bergrevier aus dem betreffenden Bergrevierbeamten, welcher die Untersuchung führt, und dem Landrath. Im Falle der Verhinderung des Landraths bestimmt der betreffende Regierungspräsident sowie im Falle der Verhinderung des Revierbeamten der Berghauptmann dessen Vertreter.

4) Zunächst stellt die Kommission die mit den erhobenen Beschwerden im Zusammenhang stehenden thatsächlichen Verhältnisse der Grube fest, und zwar soll dies nach den Anhaltspunkten des im Auszuge anliegenden Fragebogens geschehen, wobei indessen der Kommission (und jedem Mitgliede derselben) die Befugniß vorbehalten bleibt, auch andere wichtig erscheinende Punkte in Erörterung zu ziehen.

5) Dann erfolgt die Vernehmung der nach Pos. 2 ausgewählten Bergleute durch die Kommission. Die zu vernehmenden Bergleute sollen zwei Tage vorher unter Angabe des Zwecks eingeladen werden. Auch für diese Vernehmung dient das unter Pos. 4 Gesagte als Anhaltspunkt.

6) Schließlich findet über die von den Arbeitern erhobenen Beschwerden resp. über die im Laufe des Verfahrens etwa festgestellten thatsächlichen Mißstände die Vernehmung des Vertreters des Bergwerksbesitzers und, soweit dies erforderlich, der Betriebsbeamten statt.

7) Ueber die Reihenfolge der Untersuchungen und den Termin derselben haben sich die beiden betheiligten Beamten zu einigen und ist darüber ein besonderes Tableau aufzustellen.

8) Nach Abschluß der Untersuchung tritt die Kommission unter sich zusammen, um zu erwägen und festzustellen, ob und welche Mißstände auf der betreffenden Grube etwa vorgefunden wurden resp. ob und welche Beschwerden der Bergleute demnach als begründet zu erachten sind. In zweifelhaften Fällen entscheiden die vorgesetzten Behörden. Diejenigen Mißstände, welche die Revierbeamten auf Grund der bestehenden Bestimmungen zu beseitigen in der Lage sind, werden sofort von diesen abgestellt. Im Uebrigen wird das gesammte Material (Protokoll über die Vernehmungen ad Pos. 8 u. s. w.) mittels Berichts des Revierbeamten spätestens vier Wochen nach Empfang gegenwärtiger Anweisung dem Oberbergamt vorgelegt.

9) Nach Eingang und Sichtung des Materials wird der Berghauptmann eine Konferenz mit den betheiligten Regierungspräsidenten in Dortmund anberaumen zur Feststellung des Ergebnisses der Untersuchung und zur Beschlußnahme über die weiteren Maßnahmen.

Fragebogen zu Pos. 4:

Es sind bei der anzustellenden Untersuchung zu unterscheiden: die wesentlichen — überall in gleicher Weise hervortretenden — Beschwerdepunkte: Lohnfrage, Schichtdauer, Ueberschichten und die zahlreichen kleineren, je nach den lokalen Verhältnissen bald den einen, bald den anderen Gegenstand betreffenden Klagen und Wünsche, die etwa wie folgt zusammengefaßt werden können: Wagennullen, geaichte Wagen, Füllkohlen, Betriebsmaterialien zum Selbstkostenpreise, Abschaffung der Strafgelder (Arbeitsordnungen), billige Hausbrandkohlen für Bergarbeiter, Unternehmerwesen, Wetterführung, gedeckte Gänge zur Kaue, Einrichtung der Abkehrscheine u. s. w., die indessen nicht an allen Stellen aufgeworfen worden sind und bezüglich deren auf jeder einzelnen Grube festzustellen bleibt, welche Gegenstände daselbst mit Klagen oder Beschwerden berührt worden sind.

Bei den Verhandlungen über die einzelnen Fragen ist nach folgenden Gesichtspunkten zu verfahren:

1) Lohnfrage.

Wie hoch standen durchschnittlich die Löhne der einzelnen Arbeiterkategorien (nach amtlicher Statistik) am Schlusse des ersten Quartals des Jahres 1888 und am Schlusse des ersten Quartals des gegenwärtigen Kalenderjahres? Wie verhielten sich diese Löhne — der Höhe nach — gegen die auf den Nachbargruben resp. in den benachbarten Revieren verdienten Löhne? Welche Forderungen haben die streikenden Arbeiter gestellt? Welche Stellung hat dem gegenüber der Bergwerksbesitzer resp. dessen Vertreter eingenommen? Sind die Arbeiter nach erfolgter Zusage oder ohne das zur Arbeit zurückgekehrt? Welche Lohnaufbesserungen sind seitdem erfolgt und was soll etwa noch weiter geschehen? Wie gestalten sich hiernach die Löhne, und sind die Arbeiter damit zufrieden? Im Sinne des Erlasses vom 25. Mai b. J. darf nicht vergessen werden, daß die Lohnfrage einen vorherrschend privatrechtlichen Charakter trägt und deßhalb bei den Verhandlungen über dieselbe einige Vorsicht angezeigt erscheint. Es darf wohl angenommen werden, daß bei den von den Revierbeamten geführten Vernehmungen auch die Vertreter der Bergwerksbesitzer bereitwillig Auskunft ertheilen werden.

2) Schichtbauer.

Es kann nicht Aufgabe der Kommissionen sein, darüber zu verhandeln, welche Schichtbauer im Allgemeinen aus technischen Gründen oder Gesundheitsrücksichten nothwendig resp. zulässig erscheint; vielmehr wird in dieser Beziehung nur zu konstatiren sein, ob im speziellen Fall etwa Gründe bestehen, welche es wünschenswerth erscheinen lassen könnten, die Schicht kürzer zu bemessen, wie es im Revier resp. Distrikt üblich ist. Im Uebrigen werden die thatsächlichen Verhältnisse festgestellt werden müssen, und sind dabei folgende Punkte in Obacht zu nehmen: Welches ist die Schichteneintheilung des Arbeitstags von 24 Stunden? Wie ist die Frühschicht organisirt? d. h.: Wann beginnt die Seil-Einfahrt? Wann ist dieselbe zu Ende und beginnt die Förderung? Wann ist die Förderung zu Ende und beginnt die Seil-Ausfahrt? Wie lange dauert die Ausfahrt? Wie gestalten sich dieselben Verhältnisse bei der Nachmittagsschicht? Wie gestalten sich dieselben Verhältnisse bei der Nachtschicht? Bei den Verhandlungen ist auf die — bisher vielfach übersehene — Differenz zwischen der Essener Erklärung der Arbeitgeber vom 18. Mai und der Bochumer Erklärung der Arbeiter vom 19. Mai über die Schichtbauer zu achten. Erstere wollen in allen Fällen acht Stunden Zeit haben zwischen Ende der Seil-Einfahrt und Beginn der Seil-Ausfahrt. Letztere nehmen zwar im Allgemeinen diese acht Stunden an, wollen aber da, wo Ein- und Ausfahrt länger dauern als je ½ Stunde, die Ueberzeit möglichst an den fraglichen acht Stunden gekürzt sehen! Wo nun thatsächlich sowohl Einfahrt als auch Ausfahrt nicht länger als ½ Stunde Zeit in Anspruch nimmt, besteht nach den oben angeführten Erklärungen eine Differenz nicht — und das dürfte auf der großen Mehrzahl der Gruben zutreffen —, wo dagegen, wie auf den nördlicheren tieferen Gruben, welche eine große Belegschaft haben, die Seilfahrt (bei den bestehenden Einrichtungen) unter allen Umständen mehr Zeit und zwar zum Theil bis zu je einer Stunde für Ein- und Ausfahrt und noch darüber in Anspruch nimmt, bleibt zu prüfen und zu ermitteln. Dem Oberbergamt sind bereits zahlreiche Anträge zugegangen, an den Vorschriften, welche zur Sicherung der am Seil Fahrenden gegeben sind, nachzulassen und auf diese Weise eine Abkürzung der Dauer der Seilfahrt zu ermöglichen. Es soll an Entgegenkommen nicht fehlen. Dies Entgegenkommen kann aber gerade im Interesse der Sicherheit der am Seil Fahrenden nicht so weit gehen, daß die bestehenden Differenzen gänzlich ausgeglichen werden. Es bleibt deßhalb zu prüfen: Welche etwaigen Mißstände in den Detail-Einrichtungen und Anordnungen der Seilfahrt geben Veranlassung zu Beschwerden der Arbeiter? Was kann dagegen geschehen? Welche Aenderungen an den Betriebsvorrichtungen und Betriebseinrichtungen kann die Grubenverwaltung vornehmen, um die Seilfahrt abzukürzen? Insbesondere: Können da, wo in mehreren Etagen des Förderkorbes gefahren, wo es noch nicht der Fall sein sollte, Bühnen zum Auf- und Abtreten hergestellt und dadurch viel Zeit gewonnen werden? oder sind da, wo die Beförderung der Leute nach resp. von verschiedenen Sohlen erfolgt, Maßregeln zur Abkürzung der Zeitdauer der Fahrt zu ermöglichen? u. s. w. Schließlich kann nicht unbemerkt bleiben, daß nach der oben erwähnten Erklärung der Arbeiter d. d. Bochum, 19. Mai, **manche Belegschaften ihre Forderungen wieder erhöht und auf 8 Stunden Schicht einschließlich Ein- und Ausfahrt hinaufgeschraubt haben**. Wo dies der Kommission vorkommen sollte, würde zu prüfen sein: wie die Arbeiter dieses Uebergreifen über die Bochumer Erklärung rechtfertigen wollen?

3) Ueberschichten.

Selbstverständlich bleiben diejenigen Ueberschichten außer Betracht, die wegen Gefahren für das Grubengebäude, wegen Rettungsarbeiten, wegen Reparaturen und aus sonstigen betriebs=technischen Gründen eintreten, und ist hier nur über solche Ueberschichten zu verhandeln, welche den Zweck haben, die Kohlenproduktion zu vergrößern. Bezüglich derselben wird zu ermitteln sein: Wie viel Ueberschichten sind in der Zeit vom 1. Oktober 1888 bis 1. April 1889 verfahren worden? Welche Zeitdauer hatten diese Ueberschichten im allgemeinen Durchschnitt? Wie vertheilen sich diese Ueberschichten auf die Monate und Wochen, resp. welche größte Zahl ist in einem Monat und in einer Woche vorgekommen? Kommen Klagen der Arbeiter vor, daß dieselben in irgend einer Weise — sei es direkt oder indirekt — gezwungen worden sind, Ueberschichten zu verfahren? Sind Verstöße gegen die bergpolizeiliche Vorschrift vorgekommen, nach welcher bei Schluß der ordentlichen Schicht den Arbeitern, die ausfahren wollen, die Seilfahrt zur Disposition gestellt werden muß? Welches ist im Allgemeinen die Stimmung in Arbeiterkreisen bezüglich der Ueberschichten? Ist man vollständig gegen Ueberschichten oder wünscht man nur eine bestimmte Einschränkung? Welches Maß würde man event. für zutreffend halten?

4) Das Nullen der geförderten, unsauberen oder mindergewichtigen Kohlenbeförderungen.

Da wo Klagen hierüber aus dem Kreise der Arbeiter aufgeworfen werden, resp. zur Zeit des Arbeiterausstandes aufgeworfen und darauf bezügliche Forderungen gestellt worden sind, ist zu prüfen: Findet auf der betreffenden Grube ein sogenanntes Nullen der fraglichen geförderten Kohlenwagen statt? Wieviel Förderwagen Kohlen wurden in den ersten drei Monaten gegenwärtigen Kalenderjahres gefördert, und wieviel davon sind genullt worden? Wie hoch gestaltet sich im Allgemeinen und großen Ganzen der Lohnverlust, der einer Kameradschaft aus dem Nullen eines Wagens erwächst? Welches ist das Verfahren bei der Prozedur des Nullens, insbesondere: wird der betreffende Wagen ausgestürzt und der Kameradschaft bei Schluß der Schicht vorgezeigt, werden die unsauberen Kohlen gereinigt, welche Verwendung finden sie dann, und wem fließt der aus dieser Verwendung erwachsende Nutzen zu? Richten sich die Beschwerden gegen das Nullen überhaupt (derart, daß Ersatz durch eine Disziplinarstrafe vorgezogen wird) oder nur gegen diesen oder jenen Theil des Verfahrens?

5) Geaichte Kohlenförderwagen.

Es ist festzustellen, ob bei der Kohlengewinnung nach Förderwagen oder nach Tonnen, oder nach Centnern verdungen wird. In allen oder wenigstens in den beiden ersteren Fällen muß der Arbeiter wissen, wie viel Kohlen ein

Förderwagen faßt. Wo das bekannt und unverändert geblieben ist, kamen bisher Klagen nicht vor; wohl aber ist in einem früheren Fall Beschwerde und Unruhe darüber entstanden, daß Förderwagen größeren Inhalts eingeführt werden sollten, ohne gleichzeitig die Gedingsätze entsprechend zu ändern. Sollten gegenwärtig — was nicht zu übersehen — derartige Beschwerden auftreten, so ist der Sachverhalt festzustellen.

6) Füllkohlen.

Die an verschiedenen Stellen gegen „Füllkohlen" erhobenen Beschwerden sind, wie anzunehmen, gegen das gesammte Ausgleichverfahren gerichtet, welches den Zweck hat, in den von der Verwaltung geführten Büchern die geförderten und die verkauften oder sonst verwendeten Kohlenmengen gegen einander abzugleichen. In Folge der mit Mindergewicht zu Tage gekommenen Förderwagen, besonders aber in Folge der Abfälle bei der Kohlenaufbereitung ꝛc. gestaltet sich das verkaufte (resp. sonst verwendete) Kohlenquantum kleiner als das geförderte. Die Differenz wird festgestellt, und den bei der Kohlenförderung betheiligten Kameradschaften nach Verhältniß ihrer geförderten Quantitäten in Abzug gebracht. Sind die Gedingesätze von vornherein mit Rücksicht auf derartige Ausfälle bemessen (und das hat sich wohl im Laufe der Jahre von selbst derart geregelt), so ist vom rechtlichen Standpunkte aus gegen das Verfahren wohl nichts einzuwenden, immer bleibt aber der Mißstand bestehen, daß die Arbeiter im voraus nicht übersehen können, was sie verdienen. Gegen letzteren Umstand mögen wohl der Hauptsache nach die vorgekommenen Beschwerden gerichtet sein. Wo der Fall vorkommt, ist deßhalb zu prüfen: Wie ist (in kurzen Zügen dargestellt) das Verfahren? Gegen welche Theile des Verfahrens richtet sich die Beschwerde? Ist Abhülfe möglich und wie? Zeigt die Grubenverwaltung Neigung, entgegenzukommen resp. das Verfahren ganz fallen zu lassen? In welchen Fristen wird dies event. durchführbar sein.

7. Abgabe der Betriebsmaterialien zum Selbstkostenpreise.

Welches Verfahren bestand bisher? In welche Kasse flossen die Ueberschüsse? Zu welchen Zwecken fanden die Kassenbestände Verwendung? So viel bekannt, wird kaum bei irgend einer Grubenverwaltung Widerspruch dagegen erhoben werden, von jetzt ab die Betriebsmaterialien (Gezähe, Oel, Sprengstoffe ꝛc.) zu den Selbstkostenpreisen abzugeben. Dabei können aber doch nicht Bruchtheile von Pfennigen erhoben werden, und fragt es sich, wie die überschießenden Pfennigbruchtheile zu verwerthen sind. Soll die frühere Kasse bestehen bleiben, und sollen diese Bruchtheile dort hineinfließen? Oder soll das entstehende Saldo durch Uebertragung auf nächsten Monat und angemessene weitere Preisnormirung ausgeglichen werden?

8) Abschaffung der Strafgelder.
(Arbeitsordnungen.)

Selbstverständlich ist die vollständige Abschaffung der Strafgelder eine im disziplinarischen Interesse nicht erfüllbare Forderung; die Beschwerde geht aber anscheinend auch mehr dagegen an, daß untere Grubenbeamte zu hohe Strafen verhängen können, und daß überhaupt das Maximum der Strafen, welches erhoben werden kann, zu hoch ist. Die Sache führt ganz von selbst auf die „Arbeitsordnungen" und auf die voraussichtlich damit verbundenen Disziplinarſtraf=Reglements. Die Kommiſſionen werden an allen Stellen die geltenden Arbeitsordnungen in eingehende Prüfung nehmen müſſen und nach Ergebniß der Vernehmungen, nach Vergleich der Sachlage auf den verſchiedenen Gruben und nach eigenem Ermeſſen Vorſchläge darüber zu machen haben, in welcher Weiſe die Arbeitsordnungen verbeſſert werden können.

9) Gewährung billiger Hausbrandkohlen.

Die Forderung der Gewährung billiger Hausbrandkohlen iſt eine Forderung, die ausſchließlich in das Gebiet des Privatrechts ſchlägt. Wo dieſe Frage aufgeworfen wird, iſt nur feſtzuſtellen, welches Verfahren bisher beſtanden hat. Erwünſcht wäre es zu erfahren, wie die Sache auf allen oder doch auf der Mehrzahl der Gruben bisher gehalten iſt, um auf dieſem Wege die geltende Gewohnheit zu erkennen.

10) Unternehmerweſen.

Die Beſchwerden über das Unternehmerweſen ſind wohl nur ganz vereinzelt aufgetaucht; wo dies geſchehen, waren ſie dagegen gerichtet, daß einzelne größere Ausführungen (Schachtabteufen in ſchwierigem Gebirge, Auffahren langer Querſchläge in feſtem Geſtein u. ſ. w.) hin und wieder beſonderen Unternehmern zugeſchlagen werden, die mit Hilfe ſpeziell hierfür eingeſchulter Mannſchaften und maſchineller Vorrichtungen im Stande ſind, die Arbeit ſchneller zu Ende zu führen. — Die Arbeiter haben hier oder dort darüber geklagt, daß ihnen auf dieſe Weiſe die beſſeren Arbeiten vorweg genommen würden und ein Theil des Gewinnes unnütz in die Taſche der Zwiſchenunternehmer fließe. Es ſcheint dies aber nicht begründet, da die fraglichen Ausführungen der Grubenverwaltung in der Regel viel theurer zu ſtehen kommen, als wenn ſie auf dem gewöhnlichen Wege des Handbetriebs ausgeführt würden, und deshalb auch nur dazu geſchritten wird, wenn zwingende betriebstechniſche Gründe für ſchleunige Herſtellung der Arbeit beſtehen. An ſich iſt es ja auch eine privatrechtliche Angelegenheit, ob die Grubenverwaltung ihre Arbeiten en gros an einen Unternehmer oder en detail an die einzelnen Arbeiter (reſp. Kamerabſchaften) vergeben will. Die Kommiſſionen werden daher ihre Aufmerkſamkeit nur darauf zu richten haben: Welche Beſchwerden haben eigentlich die Arbeiter gegen Unternehmerweſen. Liegt etwa mißbräuchliche Uebertreibung deſſelben vor?

11) Wetterführung.

Wo über Wetterführung geklagt wird, möchte beſonders der Revierbeamte genau darüber vernehmen, wo und warum es an dieſem oder jenem Arbeitsorte an friſchen Wettern fehlte, und, falls die Klagen begründet ſein ſollten, ſofort die zur Abhülfe erforderlichen Schritte thun.

12) Verbindung der Waſchkauen mit den Fahrſchächten durch gedeckte Gänge.

Daß es unter allen Umſtänden erwünſcht iſt, die aus der Grube kommenden Bergleute auf dem Wege vom Schacht zur Bade- reſp. Waſchkaue vor Witterungseinflüſſen zu ſchützen, iſt ſelbſtverſtändlich. Die Kommiſſionen möchten deßhalb bei jeder Grube feſtſtellen: Iſt der Weg vom Schacht zur Kaue überhaupt geschützt? und zwar dadurch, daß er unterirdisch geführt ist? oder daß er zu Tage liegt und überbaut ist? oder daß er innerhalb resp. zwischen Gebäuden ꝛc. verläuft? Liegt der Weg offen und Wind und Wetter ausgesetzt? Liegen bei dieser Grube Klagen oder Wünsche der Bergleute vor? Welche Stellung nimmt die Grubenverwaltung zur Sache ein? Beiläufig möchte auch ermittelt werden: Welche Quadratfläche Badebassin ist vorhanden? In wie viele Bassins ist dieselbe getheilt? Welches ist die übliche Wassertiefe in den Bassins? Wie groß ist die Belegschaft der am stärksten belegten Schicht (Frühschicht), die auf einmal in den vorhandenen Bassins baden soll?

13) Einrichtung von Abkehrscheinen.

Ueber die Einrichtung von Abkehrscheinen sind an verschiedenen Orten Klagen aufgetaucht, dieselben sind indessen nicht vollständig präzisirt. Es fragt sich: Sind die Klagen gegen das übliche Formular gerichtet und was ist daran auszusetzen? Sind die Klagen mehr gegen die Art und Weise der Handhabung gerichtet? Sind die Klagen dagegen gerichtet, daß Seitens der Betriebsführer durch gewisse Schreibweise oder durch nur den Betriebsführern selbst bekannte besondere Zeichen eine Censur ausgeübt wird? In letzterem Falle müßte thunlichst ermittelt werden, worin diese geheime Verständigung der Betriebsführer besteht?

Druck von G. D Bädeker in Essen.